人邮体育　青少年身体训练动作指导丛书

U0740811

青少年
身体训练
动作手册

瑞士球训练

王雄　主编

人民邮电出版社
北　京

图书在版编目（CIP）数据

青少年身体训练动作手册. 瑞士球训练 / 王雄主编
. — 北京 ：人民邮电出版社，2020.5
（青少年身体训练动作指导丛书）
ISBN 978-7-115-52022-7

Ⅰ. ①青… Ⅱ. ①王… Ⅲ. ①青少年－身体训练－手
册 Ⅳ. ①G808.17-62

中国版本图书馆CIP数据核字(2019)第201344号

内 容 提 要

　　"青少年身体训练动作指导丛书"共8册，是中国青少年体能训练师认证参考教材，并得到了
全国体育运动学校联合会的专业推荐。丛书由国家体育总局训练局体能训练中心创建人、负责人王
雄主编，并由多位国内青少年体能训练专家、体育教育专家和奥运冠军担任专家顾问，旨在帮助青
少年进行正确的动作练习，得到科学的锻炼指导。

　　本书首先介绍了核心训练的基础知识，以及瑞士球的起源、训练优势、选择方法和运用优势等
内容。接着，本书采用真人示范、分步骤图解的形式，对超过70种动作练习的执行步骤、训练部位、
主要肌肉、训练板块和训练目标等内容进行了讲解。最后，本书提供了针对不同训练需求的9个训
练方案，旨在帮助青少年有效提升体能。

◆ 主　编　王　雄
　　责任编辑　林振英
　　责任印制　周昇亮
◆ 人民邮电出版社出版发行　　北京市丰台区成寿寺路 11 号
　　邮编　100164　电子邮件　315@ptpress.com.cn
　　网址　https://www.ptpress.com.cn
　　涿州市般润文化传播有限公司印刷
◆ 开本：700×1000　1/16
　　印张：8.25　　　　　　　　　　2020 年 5 月第 1 版
　　字数：118 千字　　　　　　　　2024 年 12 月河北第 3 次印刷

定价：49.80 元
读者服务热线：（010）81055296　印装质量热线：（010）81055316
反盗版热线：（010）81055315
广告经营许可证：京东市监广登字 20170147 号

编委会

主编：**王 雄**

编委：沈兆喆 刘 蕊 林振英 陈 洋 崔雪原 赵 芮 付子艺 王晓斐 张可盈 高延松 苗 宇 刘 也 朱昌宇

专家顾问成员：

孙文新——全国体育运动学校联合会教育发展委员会主任、幼儿体育分会会长，国家体育总局教练员学院教练员培训部原部长，研究员

张 冰——清华大学体育与健康科学研究中心主任，教授，博士生导师

闫 琪——国家体育总局体育科学研究所研究员，奥运金牌运动员体能教练

李丹阳——中国体育科学学会体能训练分会秘书长，武汉体育学院体能中心主任

张欣欣——北京市史家胡同小学副校长，特级体育教师，国培计划小学体育骨干教师培训指导教师

赫忠慧——北京大学体育健康中心主任，教授，国家学生体质健康标准数据库研究组成员

徐建方——国家体育总局体育科学研究所科学健身与健康促进研究中心主任，研究员

史东林——河北体育学院副院长，博士，中国体育科学学会体能训练分会常委

惠若琪——女排奥运冠军，惠基金发起人，元气排球发起人

范忆琳——体操世界冠军，范忆琳体操俱乐部创建人

冯 娟——国家体育总局训练局青少年俱乐部田径、体能训练专家，高级教练

尹晓峰——上海体育科学研究所信息研究中心主任，副研究员，上海市青少年体育协会体适能分会副秘书长

姜天赐——中国儿童中心教育活动部副部长，儿童体育兴趣培养专家

彭庆文——湖南怀化学院体育与健康学院院长，教授，幼儿体育研究专家

杨晓生——华南师范大学体育科学学院原党委书记，体育人文社会学教授

黄 波——华南师范大学体育科学学院副院长，教授，广东省学生体育艺术联合会游泳分会秘书长

唐 芬——广州市黄边小学校长，党支部书记，小学体育高级教师

吕 棣——北京市光明小学体育组组长，小学体育高级教师

张 旎——北京市十一中学一级体育教师，艺术体操国家一级运动员

彭劲枫——深圳市教育督学，深圳市福田区上步小学教科室主任

杨 斌——卡玛效能运动科技创始人，首席技术官，健身专家

谭廷信——"惠运动"智慧校园数字体育平台发起人

吴 东——北京能量学院儿童体能培训机构创始人、首席技术官

刘 派——优思搏体育创始人，儿童教研专家

Randy Huntington——美国著名田径教练，现中国国家田径队苏炳添、陆敏佳等队员主教练

Ken Vick——美国VSP运动表现机构首席专家，美国青少年Spark课程项目技术顾问

致　谢

感谢为本丛书的出版做出积极贡献的强大的顾问团队，他们当中有拥有多年教龄的中小学体育教师，也有在一线执教多年的知名教练，还有幼儿体育、儿童兴趣活动、儿童教育实践、体质促进研究、青少年体能训练、青少年运动员科学训练和健身健康等领域的专家学者，他们代表了国内儿童和青少年身体训练领域的领先力量，也感谢其他国内同仁对这个领域的研究和实践所做的贡献。感谢人民邮电出版社有限公司对儿童和青少年体育领域的全力支持，感谢灌木拍摄团队的精心准备和辛勤付出，感谢本书的编委团队，我们一直在努力做好每一处细节，力争给大家提供一份可参考的材料。大家一起努力共同推进国内儿童和青少年训练领域的健康发展。

本丛书尚存在诸多不足之处，但这套1.0版本仅仅是开始，未来我们将会吸收更多的内容、理念，在细节上持续打磨和完善。此外，早在2013年我查阅市面上的儿童青少年体能训练资料的时候，就发现相关方面的研究资料及参考书极其有限，作为专业人员必须拥有的使命感促使我下决心编写一套能为儿童和青少年体育活动实践者提供帮助的材料，现在既然已经开始，我就会继续下去、不断升级，逐步打造出一系列科学、全面、实用的儿童和青少年身体训练动作指导手册！恳请所有读者向我们提出宝贵的建议！

科学发展观，少年中国梦。期待本丛书能够为国内儿童和青少年的身体训练发展带来一些促进和益处，让孩子提升生命质量，形成终身运动的好习惯，实现我们的共同目标："一切为了孩子，为了孩子的一切，为了一切孩子！"

丛书推荐序

2019年9月2日，国务院印发了《体育强国建设纲要》（以下简称《纲要》），体育强国梦有了明确的时间表和路线图。这份激动人心的体育强国建设规划从多个层次对青少年体育发展进行了清晰的表述，指出要充分发挥体育在建设社会主义现代化强国新征程中的作用。而儿童青少年体育乃是发展之本，国运兴需要体育兴，少年强才能国强。

这份一直规划到2050年的《纲要》在其"战略目标"中提到："青少年体育服务体系更加健全，身体素养显著提升，健康状况明显改善"。在其"战略任务"中提到："将促进青少年提高身体素养和养成健康生活方式作为学校体育教育的重要内容，把学生体质健康水平纳入政府、教育行政部门、学校的考核体系，全面实施青少年体育活动促进计划"。在《纲要》的解读中，进一步提到了"青少年体育发展促进工程"，将要："构建社会化、网络化的青少年体育冬夏令营体系，开展青少年体育技能培训，使青少年掌握2项以上运动技能；丰富青少年体育赛事活动，形成一批具有较大影响的社会精品赛事活动；构建青少年体育社会组织管理和支持体系，促进青少年体育俱乐部、青少年户外体育活动营地等发展。实施青少年体育拔尖人才建设工程，推动体校特色运动队、俱乐部运动队、大中小学运动队及俱乐部建设。进一步发挥体校和社会俱乐部培养竞技体育后备人才的优势。落实教练员培养规划，实施教练员轮训，提高青少年体育教练员水平"。《纲要》将在接下来的时间里，进一步引领我们的青少年体育事业的发展。

我在体育行业工作四十五年，工作方向从全民健身到竞技体育再到青少年体育，现所在的全国体育运动学校联合会的主要工作宗旨是：团结和推动全国各级各类体育运动学校、青少年体育俱乐部等会员单位的建设与发展，为提高青少年身体素质、培养输送高水平竞技体育后备人才和为社会培养合格的体育专业人才服务，努力为各类青少年体育组织提供一个发展和交流平台，推动中国儿童青少年体育事业发展，促进体育强国和健康中国建设。对于儿童青少年的成长发展来说，体育运动在其中扮演着重要的角色。体育运动能够提升身体素质，促进身体健康和脑力发展，同时培养运动精神和团队精神，增强抗挫折能力和勇气，让每一个孩子能更好地成长为社会需要的人才。

由王雄老师主编的这两套丛书："儿童身体训练动作指导丛书"和"青少年身体训练动作指导丛书"，其编委会集合了行业内多位知名的专家顾问，包括儿童青少年领域的科研人员、资深中小学体育教师、一线执教的国家队体能教练和青少年俱乐部的儿童训练专家等，代表了国内儿童青少年身体训练领域的先进力量。丛书的内容体系完整，涵盖广泛，表述清晰，针对6~15岁的儿童和青少年。在目前国内中小学生的完整的身体训练体系还在摸索和构建的背景下，丛书为广大体育和教育领域的工作者，尤其是各级体校教练、小学体育教师以及青少年俱乐部教练提供了针对儿童和青少年体能教育的指导策略和教学模式参考，并帮助其设计适合不同发育水平孩子的身体训练计划，从而达到丰富体育课程内容、全面提升儿童青少年身体素质和健康水平的目标。丛书突出了儿童青少年训练的针对性、规范性和实效性，丰富了青少年运动训练的多样化方式，可作为广大家长、体育教师、教练员和体能训练师的参考用书。

在具体内容上，丛书根据不同年龄段儿童青少年的生理和心理发展特征，采用了适用于不同年龄段的身体训练动作和活动方式。例如在儿童徒手练习当中，涵盖了儿童肌肉力量、爆发力、协调性、速度、灵敏反应、柔韧性和能量代谢练习等多个素质类别，还包括大量的动作模式练习、双人配合练习、爬行练习和儿童瑜伽等丰富多彩的实践内容。在形式上，除了提供高质量的动作图片展示之外，还具备通过扫描二维码看视频的功能，可以让读者一目了然地全方位了解动作过程，帮助施教者提供更安全、更科学和更准确的体育教学。

科学发展观，少年中国梦。我仅代表全国体育运动学校联合会衷心将本套丛书推荐给所有儿童青少年的家长、学校体育教师、儿童和青少年身体训练研究人员、从事儿童和青少年体能教育培训的教练或技术人员、相关基层专业队以及青少年俱乐部队伍的教练员。希望丛书能为国内的儿童青少年提供更科学、更安全和更有趣味性的运动指导，帮助孩子们打下坚实的身体运动基础，掌握运动技能，提升运动表现，并享受运动带来的健康和乐趣。

职务：全国体育运动学校联合会教育发展委员会主任，研究员
原任：国家体育总局干部培训中心副主任，国家体育总局教练员学院教练员培训部部长，北京体育大学及河北师范大学的硕士、博士研究生导师

2019 年 10 月 25 日

丛书序

儿童和青少年是祖国的未来，民族的希望。强健儿童和青少年体魄，帮助下一代培养良好的生活习惯和运动精神，有利于其塑造正确的人生观和价值观。

在数字经济和人工智能飞速发展的大时代背景下，我们的身体依然停留在为运动而设计的远古时代。体育运动的意义不仅是闲暇时的消遣，还是人类平衡现代生活习惯和远古人体设定的最有效途径。体育运动对促进儿童和青少年身心的全面协调发展有着不可替代的重要作用，而儿童和青少年体育不仅是所有体育事业的基石，更是发挥教育功能和社会效益的重要工具。致力于发展儿童福利事业的宋庆龄曾呼吁——一切为了孩子，为了孩子的一切，为了一切孩子。这句话精辟凝练，含义深刻，是我们全社会践行儿童青少年体育工作的宗旨。

1. 政府重视，政策支持

青少年体质健康历来受到高度重视，习近平总书记在2014年8月15日看望南京青奥会中国体育代表团时强调，少年强、青年强则中国强。少年强、青年强是多方面的，既包括思想品德、学习成绩、创新能力和动手能力，也包括身体健康、体魄强壮和体育精神。此外，习近平总书记高度重视学校体育工作，在系列讲话中指出，身体是人生一切奋斗成功的本钱，少年儿童要注意加强体育锻炼，家庭、学校、社会都要为少年儿童增强体魄创造条件，让他们像小树那样健康成长，长大后成为建设祖国的栋梁之材。要从娃娃抓起，扎扎实实提高竞技体育水平，持之以恒开展群众体育，不断由体育大国向体育强国迈进。

为扭转当前学生体质健康状况持续下降的趋势，近年来，党中央和政府陆续发布了多项政策指令。2007年中共中央、国务院印发《关于加强青少年体育增强青少年体质的意见》（中发〔2007〕7号）；2012年国务院办公厅转发教育部等部门《关于进一步加强学校体育工作的若干意见》的通知（国办发〔2012〕53号）；2013年十八届三中全会通过的《中共中央关于全面深化改革若干重大问题的决定》明确提出"强化体育课和课外锻炼，促进青少年身心健康、体魄强健"的青少年体育工作目标；2016年国务院办公厅印发《关于强化学校体育促进学生身心健康全面发展的意见》（国办发〔2016〕27号），指出"以'天天锻炼、健康成长、终身受益'为目标，到2020年学生体育锻炼习惯基本养成，运动技能和体质健康水平明显提升，规则意识、合作精神和意志品质显著增强"。针对影响儿童青少年健康方面比较突出的近视问题，2018年8月30日，教育部、国家卫生健康委员会、国家体育总局等8部门联合印发《综合防控儿童青少年近视实施方案》，明确提出了2023年和2030年的近视防控目标。

2.社会关注，市场推动

体质健康水平关系到青少年的健康成长，关系到千家万户的幸福。近年来的全国学生体质健康调研结果显示，我国学生的平均身体素质和健康水平连续多年持续下降，学生体质健康方面存在着诸多令人担忧的严重问题。

一段时期以来，关于我国儿童和青少年体质水平连续下滑的报道不断：由于受到充斥着电子游戏和垃圾食品的生活环境，以及久坐少动的现代生活方式的影响，儿童和青少年的劳动及体力活动急剧减少；由于营养过剩，儿童和青少年肥胖率不断上升；由于学习负担过重，儿童和青少年缺乏足够的活动时间；由于体育课安排不足，儿童和青少年运动个性化、多样化和科学化不够……这些问题已引发社会各界的广泛关注。

为了解决这些问题，全国各地的学校都在不断尝试进行体育教学改革，同时各式儿童体能训练机构如雨后春笋般地在一些城市中快速涌现。然而，应该如何进行儿童和青少年身体训练，学校和家长应该如何配合，学校及儿童体能训练机构如何才能为孩子提供更科学、更安全、更方便、更有趣、无污染的、有监控的、个性化的、有规划的体育课程或身体练习方案……针对以上问题，无论是理论研究还是实践指导，相比一些有长久积累和规模发展的国家，我国还处于起步阶段，需要虚心学习和研究借鉴。

除了学校，目前国内儿童青少年体育培训机构早已超过万家，专业的儿童体能训练机构的数量也在不断增加，不仅在一线城市形成了规模化发展，更在二线和三线、四线城市中迅速发展。即便如此，目前全国平均每2万名儿童青少年才对应一家专门的体育培训机构，远远无法满足实际需求。然而需求还在持续增长，中国新一代年轻父母在子女体育运动爱好培养及体能提升培训方面的投入不断增加，在家庭消费支出中占据重要比重。市场的巨大潜力推动了行业的发展，但与此同时也给行业带来发展中的挑战，我们需要避免急功近利导致的市场乱象，应当在标准化、规范化的运营管理和科学化、个性化的课程安排方面，尽力促进整个行业的健康发展。

3. 遵循科学，遵循规律

让运动成为孩子生活一部分，让每个孩子都可以愉快地参与丰富多彩的体育活动，享受高质量的体育教育给身心带来的积极变化，从小树立良好的运动习惯和体育价值观是我们的目标。只有家庭、学校和社会共同发力，创造一个有利于儿童青少年身心发展的健康运动环境，才能帮助孩子们提升体质和强健体魄。而在儿童青少年的体育教学理念中，最重要的就是遵循孩子的身体的生理发展规律，也就是我们经常说的"敏感期"问题。

科学研究证明，在青少年生长发育的过程中，身体形态和机能发展不是均衡渐进的，并存在着"敏感期"。这种敏感期是指某种运动素质在儿童、青少年时期，在有机体自然生长发育的基础上，可以实现最优化发展的某些特定年龄阶段。例如，在孩子的肌肉发育过程中，首先应关注大肌群的增长，然后是精细化的动作控制。在某个阶段，孩子力量的增加主要依靠神经肌肉协调控制，而非肌肉体积的增大或肌纤维数量的增加。因此，如果我们在孩子的儿童青少年时期能按照其素质发展敏感期的规律对其进行训练，就能最大限度地发展其身体素质，为孩子今后的体质健康和运动表现提升打下坚实基础。

敏感期又被称作"天窗期"，国内外对其的研究很多。出现敏感期的不同身体素质可训练的最佳时机，也被叫作"训练天窗"（Optimal Windows of Trainability）或"最佳训练能力窗口"。

要注意的是，人的一般生长发育是有规律的，但因为受遗传、营养和运动等因素的影响，个体发育的时间是不同的，因此每个人的敏感期出现的时间也是不同的。早发育和晚发育都会偏离正常年龄发育水平两三岁，也就是说，同龄人的身体发育水平差异可能达到4~6岁！两个实际年龄为10岁的孩子，一个发育年龄可能才7岁，而另外一个可能是13岁！此外，一般认为，同龄的男孩女孩会在8岁开始出现发育差异，最好从这个年龄后就对男孩和女孩进行有区别的、针对性的身体素质训练。

因此，在青春期前的敏感期通常与年龄相关，在青春期开始后，敏感期的划分和青春期男孩女孩的一些生理标志出现的时间点有关，如青春期开始、生长峰值点和月经初潮等。目前，在国内外资料当中被研究证实的，同时较为公认和流行的是运动员长期发展模型（LTAD，Long-Term Athlete Development）。按照LTAD模型，身体素质敏感期（训练天窗）有13个，如下表所示。

身体素质敏感期（训练天窗）年龄区间

运动素质	不同敏感期（训练天窗）的出现时间					
性别	男孩			女孩		
柔韧天窗（2个）	第一天窗期	第二天窗期		第一天窗期	第二天窗期	
	5~8周岁	12~14周岁		4~7周岁	11~13周岁	
速度天窗（2个）	第一天窗期	第二天窗期		第一天窗期	第二天窗期	
	7~9周岁	13~16周岁		5~8周岁	11~14周岁	
技术天窗（2个）	第一天窗期	第二天窗期		第一天窗期	第二天窗期	
	9~12周岁	14~18周岁		7~10周岁	12~16周岁	
协调性天窗（1个）	天窗期			天窗期		
	12~14周岁			11~13周岁		
力量天窗（3个阶段）	天窗第一阶段	天窗第二阶段	天窗第三阶段	天窗第一阶段	天窗第二阶段	天窗第三阶段
	12~15周岁	15~20周岁	20~25周岁	10~13周岁	13~18周岁	18~21周岁
	注释：身高突增期后的6~12个月是第一个敏感期，增长速度最快。后期两个阶段增长速度逐渐放缓			注释：身高突增期或月经初潮后是第一个敏感期，增长速度最快。后期两个阶段增长速度逐渐放缓		
耐力天窗（2个）	12~14周岁	17~22周岁		11~13周岁	16~21周岁	
爆发力天窗（1个）	16~22周岁			15~21周岁		

4.因材施教，全面发展

儿童和青少年体育教育是教育体系中不可或缺的重要部分。相比国外的一些国家多年的系统研究和推广实施，我国的儿童和青少年体育教育整体水平仍有待提高。我们还缺乏多样化的身体素质练习手段，缺乏系统深入的研究支撑和长期发展的详细规划设计，缺乏一大批拥有专业资质和实践经验的教练员。当然，我们的发展是迅速的，近些年无论是在理论体系研究上，还是在实践方法组合上，都取得了喜人的成绩，未来可期。

在遵循儿童青少年身体生理发展规律的基础上，我们要因材施教，全面发展。在具体的训练执行和练习方式上，以下几个常见问题是最受家长、教练和老师们关注的，同样也是所有儿童青少年训练一线工作人员必须了解的。

（1）儿童青少年的练习方式是否和成人完全一样？

首先，就人体动作而言，对于已具备自由行走能力的儿童或青少年，其可以完成的大多数练习（如下蹲、跳跃和跑步等）的基本动作模式和成年人是完全一样的。不论是普通人还是运动员，不论是儿童还是老年人，其动作模式和动作方式的本质始终一样。Crossfit 的创始人格拉斯曼（Glassman）曾说过："奥运会运动员和我们的外婆，对于运动的需求只有程度上的差别，没有种类上的差别"。

其次，儿童和青少年的动作模式和成人一样，在某些细节要求上也一样，但是在具体的动作要求和发展目的上，强调的重点不一样。例如，儿童和青少年体能训练更加强调正确动作模式的自动化训练，强调神经肌肉的本体感觉和动作姿势的标准，而不是强调训练负荷和训练强度。

（2）孩子应先练专项还是先练体能？

目前所有的相关研究建议并强调，孩子应该在提升基础运动技能的基础上，再参加竞技性体育运动。专家们就先有合适的身体基础，再去练专项的观点似乎已基本形成了共识。美国著名的儿童体能教育专家斯蒂芬•维尔吉利奥（Stephen Virgilio）博士在其所著的《儿童身体素质提升指导与实践（第2版）》一书中就明确指出并强调，在基础体能和专项技术之间，孩子应该先提升基础运动技能，在强化了骨骼肌肉系统和神经肌肉控制系统之后，再参加竞技性体育运动才是最好的选择。

这个规律以多种形式被应用于日常生活中。当儿童青少年刚开始进行体育锻炼时，篮球、游泳等运动专项对其吸引力也许更大。这些项目的初期学习目标是掌握一些基本技能，同时老师或教练也会教授一些热身练习。但是一旦孩子已经学会某个运动专项的基本技能，并且想要获得技能水平的进一步提升，就必须参加专门和正式的体能训练了。

（3）儿童和青少年是否能进行力量训练？

这个命题的研究在美国已有很长时间，之前有观点认为，孩子的肌肉正处于生长发育阶段，不应该过度使用，而且负重训练的危险系数太高。近二十年来，各大权威机构纷纷发表了有关儿童青少年的健身指导文章，推荐其进行力量训练，这些机构包括：美国儿科学会（AAP）、美国运动医学会（ACSM）、美国运动委员会（ACE）、美国国家体能协会（NSCA）、英国体育与运动科学协会（BASES）和加拿大运动生理学会等。

其中，美国儿科学会声明："适度的力量训练对于青少年的生长发育、骨骼愈合、心脏循环系统没有明显的副作用。"美国运动医学会认为："一般来说，如果儿童做好了参加组织好的体育运动的准备——如一些小型的足球、棒球联赛或者体操比赛——这就表明他们做好了可以进行一些力量训练的准备。"美国国家体能协会则这样表述："青少年的力量训练在以下情况下是安全而有效的：有一个善于制定训练计划的资深教练（或老师）的指导和监控，且青少年自身已掌握了适当的动作技术。"

对于年龄较小的儿童是否可以进行力量练习，国外最新研究认为，幼儿园到六年级的儿童不应执行最大负重练习，然而，哪怕年龄小到只有2岁的儿童，都是可以通过进行阻力练习来增强骨骼发育的。国外的长期研究和实践已证明，科学的力量训练是促进儿童青少年体质健康和运动能力增强的有效方法，有监督、有计划、科学合理的力量训练其实是一种安全有效的训练方式，对孩子肌肉生长发育有诸多益处。力量素质是参与一切体育活动的基础。在日常体育课教学中，合理安排力量训练环节可以逐步提高学生的身体素质和运动能力。因此，本套丛书提供了多种适合学生力量素质发展的练习方法，并针对不同年龄孩子的生长发育情况制定了不同的个性化训练计划，图文并茂，通俗易懂，引导学生科学系统、安全高效地进行力量训练，并为体育教师和体能教练提高孩子的身体素质和专项运动成绩提供了技术支持。

（4）为什么儿童青少年身体训练要关注动作模式？

儿童青少年的身体训练是为了打好身体基础，提升体能水平，且体能水平包含动作、身体素质和运动表现三个维度。动作是其中最本质和最基础的——任何日常身体活动和竞技运动都是由基本身体动作组成的，力量、爆发力、耐力、速度、敏捷、平衡、协调和柔韧等其他身体素质的发展都建立在此基础之上，最终达到实现结合运动专项或者其他功能需求的运动表现的目标。

动作模式就是遵循人体科学运动基本原则，让身体以最佳路径和最佳效率完成动作的过程。动作练习的目的就是建立正确的动作模式，并优化发展为动作技能。好的动作模式可以让你用最小的力和最经济的能量消耗来达到最佳的运动表现。专业运动员为了更好的竞技运动表现，突破既定的运动极限，时刻不断改进自己的技巧，熟练自己的技能，为的就是能在更好的动作模式下提升至最好的成绩。普通人也是如此，如果没有正确的动作模式，就会在运动中事倍功半。但大多数普通人的动作模式并不正确且已经"定型"，只能通过科学的纠正性训练进行矫正，且矫正过程异常复杂而艰难。而这种"最佳"动作模式建立和优化的最佳时期必定是在儿童青少年阶段。

动作模式的练习讲究神经肌肉的本体感觉和协调配合，以及动作姿态的有序控制。例如，在下蹲练习中，一个正确动作模式的下蹲动作需要踝关节、膝关节和髋关节的弯曲角度合理，踝部有足够的灵活性以保证膝关节的位置正确，膝盖有合理的折叠角度以帮助身体更好地利用大腿肌肉，髋部有合适的位置以保证上半身角度合理，同时，还需要躯干和核心配合发力，以及背部肌肉的参与。其他任何动作细节，包括肩膀的位置，头部的角度，甚至是视线，都有可能影响到整个身体联动发力的变化和动作模式的效率。

此外，练习动作模式的另一大功能就是保护身体，预防伤病。人体关节有两个基本特性：灵活性和稳定性，往往以一个为主，另一个为辅，这是人体的"原本设计"，是不可改变的。错误的动作模式会使某一关节的灵活性或稳定性产生变化，并进一步造成上下联动关节的错误代偿。虽然人体具有自我纠正能力，但一旦运动过量或负荷过大，就会产生永久性运动损伤。例如，硬拉练习是一个综合性训练动作，可以锻炼全身上下的多数肌肉，特别是后链肌群。但硬拉练习的训练目标不仅是肌肉，更重要的是动作模式。如果在练习过程中存在腹部用力不够、肩胛肌肉或腰背部肌群参与不够等问题，很容易导致人体脊柱过度屈曲，给脊柱造成额外的压力，使其成为一个错误而危险的动作。

因此，儿童青少年时期的身体训练要重点关注动作模式，以最有效率的动作幅度和最经济的能量消耗来获取最大的运动收益，这也是进行身体训练的黄金法则。

（5）一些高难度、高强度练习是否适合儿童青少年？

斯蒂芬·维尔吉利奥博士曾明确提出建议：10岁以上的孩子应每周至少有5天进行60分钟以上中等强度或更激烈的体育运动。我国的儿童青少年普遍存在运动参与较少的问题，如果突然加大训练量或训练强度，会出现不适应的情况。但只要循序渐进，科学进阶，孩子一样是可以做好很多强度较高、难度较大的训练的。从美国、德国和日本等国家的很多儿童训练视频和教程可以看出，孩子的训练强度和训练质量可以是很高水平的。因此，在保障好基本安全的前提下，遵循科学指导的原则，家长、老师和教练完全不必过度担心。

此外，一些欧美国家的专家认可并建议将基础体能训练（包括力量训练、有氧健身和关节灵活性训练等）融入中小学体育课程，以全面提升孩子们的运动能力，让孩子获得受益终生的训练技术、健康知识、训练态度和生活习惯，以及成年后参与体育运动所需要的知识和信心，并为未来的运动生涯打下基础。

（6）如何保障每一个孩子的训练积极性？

现代儿童和青少年的生活方式与历史上任何时期相比都发生了根本性的变化。不同于过去，现代孩子们大部分时间都在有封闭保护的环境下进行着消极的娱乐活动。要激发孩子的训练兴趣，首先要打破成人"缩小版"的训练模式，取而代之的应该是根据每个不同年龄、体质和特点的孩子定制个性化计划，最大限度地提升孩子对参与训练的兴趣，激发他们的好奇心和挑战心理。

对于每个孩子来说，体育活动都应该是有趣并且愉快的，而不应仅仅是有天赋的孩子才会有这种感觉。体育活动并不一定要有明确的名次目标，我们必须停止将10岁孩子作为年轻版的成人运动员来对待这种做法，而应让他们顺其自然地发展，让孩子们自由地活动、玩耍和娱乐，在运动中展示自我。在设计上，要敢于打破传统的体育教学套路，设计一些孩子喜欢并易接受的创新性体能练习方法，让每一个孩子都能够毫无压力地参与其中，从而摆脱久坐少动、肥胖和营养过剩对身体带来的不利影响，在轻松和欢乐中逐步提升自身的身体素质和运动表现。

在教学方法上，教师在训练的开始阶段要"低估"孩子的运动能力，然后逐步增加动作难度和运动强度，并且始终强调动作的规范性而不追求过度练习，坚持适当的练习永远优于过度训练。此外，教师要多与孩子进行互动，关注孩子的情绪状态，了解他们的想法和感受，多给予孩子鼓励和赞扬。教师还应及时记录训练信息，监督训练成果，让孩子理解和感受训练的益处，享受训练过程，从而激发孩子终身锻炼的兴趣。

一个全面的儿童青少年训练计划的执行过程，应该包含艺术和科学两个方面。科学是为了理解训练的原理和方法，艺术则是为了满足不同需求、目标和能力的训练者，并为其设计安全、高效和有趣的训练计划。对于孩子的训练不用过分讲究"No pain, No gain（无痛则无果）"，训练不仅仅是为了增长肌肉力量和运动表现水平，更是为了让孩子了解自己的身体，保持运动的兴趣，收获更多的快乐。这种快乐是在掌握技能与完成挑战性任务之间的平衡中获得的，孩子只有在训练中获得了知识、技能和信心，并且感受训练所具有的挑战性时，身体训练才是一种有趣的活动。

5. 本丛书的对象和受众

本丛书的阅读对象分为四类人群：儿童和青少年的家长；学校体育教师和从事儿童和青少年身体训练相关研究工作的人员；专业从事儿童和青少年体能教育培训的教练或技术人员；相关基层专业队、青少俱乐部队伍的教练。此外，具备一定知识的青少年也可以直接阅读本丛书。

丛书分为两个系列："儿童身体训练动作指导丛书"和"青少年身体训练动作指导丛书"。目标受众是6~15岁的儿童和青少年。按照国内学龄阶段的划分，分为小学和中学两个学历阶段，同时按照九年义务教育的年限，按每三岁一个年龄区间分为3个层级，如下表所示。

儿童和青少年年龄、年级、学龄划分表

层级	年级划分	年龄区间	人群属性	学龄阶段
一	1~3 年级	6~8 周岁	儿童	小学生
二	4~6 年级	9~11 周岁	儿童	小学生
三	7~9 年级	12~14 周岁	少年	初中生

其中，第一层级和第二层级都属于小学阶段，对应的是"儿童身体训练动作指导丛书"，第三层级属于初中阶段，对应的是"青少年身体训练动作指导丛书"。当然，年级、学龄阶段不代表孩子的发育水平和身体运动能力水平，每个年级或年龄阶段都可能有处于不同发展水平的孩子，而且差异会很大。

国内对于儿童与青少年的界限划分以及对应的中英文词汇使用还比较混淆，为此，在查阅和参考相关资料的基础上，丛书在此做一个术语用法的大致介绍，同时明确一下年龄界限划分。美国国家运动医学学会（NASM）认为，青少年（Youth）这个词汇涵盖了一个较大的年龄范围，并且有广泛的含义，比如青年时代的意思，基本包含了儿童和少年阶段。美国疾病控制和预防中心（CDC）则使用儿童（Children）和青春期少年（Adolescent）两个词汇来对两组人群进行区分。通常来讲，刚出生到1周岁之间的小孩被称为婴儿（Infant），1~3

周岁则被称为幼儿（Baby），学龄前儿童（Preschool Children）相当于我们国家的幼儿园阶段，即3~6周岁，儿童（Children）所指的年龄范围为3~12周岁，而青少年（Teenager）所指的年龄范围为12~18周岁。NASM还指出，当涉及运动反馈时，儿童（Children）通常所指的年龄范围为6~12周岁，因为3~5周岁的儿童在分级测试和需要最大极限的运动中不会涉及。

此外，丛书在此要对英文中Kids、Adolescent、Juvenile和Teenager等几个相关词的意思和年龄界限进行一个简要释义。Kids（孩子）多从关系属性上强调相比之下跟自己感情亲近的孩子，更加口语化，而Children（儿童）更多泛指所有孩子，没有感情亲疏之分。Adolescent（青春期少年）这个词有名词和形容词双重属性，强调的是孩子处于青春发育期这个阶段，年龄区间一般是10周岁左右。Juvenile也可以作形容词和名词，指没有发育成熟的青少年。而Teenager是这几个词当中定义和年龄界限最明确的一个，指12~18周岁的青少年。参考下表，你将有一个清晰的了解。

术语年龄界限划分参照表

中文用词	婴儿	幼儿	学龄前儿童	儿童	青少年	青少年（广泛）
英文用词	Infant	Baby	Preschool Children	Children	Teenager	Youth
年龄范围	0~1周岁	1~3周岁	3~6周岁	3~12周岁	12~18周岁	6~18周岁

2019年9月27日

前　言

在目前适合国内中小学生的完整的身体训练体系还在摸索和构建的背景下，本丛书期待为广大体育和教育领域的工作者，尤其是中小学体育教师提供针对儿童青少年体能教育的指导策略和教学模式参考，并帮助其设计适合不同发育水平孩子的身体训练课程，从而丰富体育课程内容，达到全面提升儿童和青少年身体素质和健康水平的目的。丛书突出了儿童和青少年训练的针对性、规范性和实效性，丰富了儿童和青少年运动训练的多样化方式，可作为广大体育教师、教练、体能训练师、健身教练和健身爱好者的参考书。

本丛书的内容参考了国内外多部训练相关图书和视频，包括《身体功能训练动作手册》，以及来自美国NASM的YES（Youth Exercise Specialization）教程和美国Gopher公司开发的Achieve儿童运动教程等。教师和教练可以根据孩子的年龄、个体能力和训练年限，选择从入门到高级的训练动作，作为训练计划制定的参考。

"儿童身体训练动作指导丛书"和"青少年身体训练动作指导丛书"的核心目的是动作指导，为了使用方便，同时便于读者找到合适的参考，本丛书按照徒手训练、拉伸训练和各种不同小器械训练的方式进行分类。在维度设置上，本丛书并没有按照训练板块，如热身整理、准备活动、基本动作技能、力量训练、核心训练、拉伸训练、快速伸缩复合训练、速度训练、游戏、瑜伽、有氧心肺、稳定性训练和灵活性训练进行划分，也没有从身体素质，如力量、爆发力、平衡、柔韧、灵敏、速度、心肺耐力和肌肉耐力等维度来设置。但是，丛书在动作体系分类中体现了以上两个维度，同时按照身体部位（如上肢、下肢和躯干等）和身体姿势（如站立姿、半跪姿、仰卧姿和俯卧姿等）等多维度来综合设置。

其中，"儿童身体训练动作指导丛书"针对1~6年级的小学生，年龄区间为6~11周岁，全套包括《儿童身体训练动作手册：徒手训练》《儿童身体训练动作手册：拉伸训练》《儿童身体训练动作手册：弹力带训练》《儿童身体训练动作手册：瑞士球与迷你带训练》《儿童身体训练动作手册：哑铃与壶铃训练》《儿童身体训练动作手册：药球与BOSU球训练》《儿童身体训练动作手册：栏架、平衡垫、泡沫轴与按摩棒训练》。

"青少年身体训练动作指导丛书"针对初中生，年龄区间为12~14周岁，全套包括《青少年身体训练动作手册：徒手训练》《青少年身体训练动作手册：拉伸训练》《青少年身体训练动作手册：弹力带训练》《青少年身体训练动作手册：哑铃训练》《青少年身体训练动作手册：瑞士球训练》《青少年身体训练动作手册：药球与壶铃训练》《青少年身体训练动作手册：BOSU 球与迷你带训练》《青少年身体训练动作手册：栏架、泡沫轴与按摩棒训练》。

每本书均由三部分构成：第一部分介绍训练所用小器械的基础知识、主要训练优势，以及主要涉及的训练板块，如BOSU球主要用于平衡稳定练习，哑铃主要用于力量练习，栏架多用于灵敏练习和快速伸缩复合训练；第二部分是动作的详细板块，按照训练板块、身体部位、身体姿势和素质类别等，从多个维度和层面将动作进行了细致划分，以图文结合的形式详细介绍每一个具体的动作练习，说明动作步骤、动作要点和注意事项，且部分动作有对应的参考视频，读者可以通过扫描二维码进行查看；第三部分是训练计划示例，提供了若干个参考性训练计划。训练计划针对不同目的的、不同水平儿童青少年设计，当然，书中所列的计划只是一个简要参考，读者可以根据需求或训练对象的具体情况设计更加多样化和个性化的训练计划，实现高质量体育教学的目标。

本丛书根据不同年龄段儿童和青少年的生理、心理和营养等发展特征，并参考目前国外流行的LTAD模型，确定适用于不同年龄段的体能训练动作和活动方式，比如《儿童身体训练动作手册：徒手训练》中，就涵盖了儿童肌肉力量和耐力、协调性、速度、灵敏反应、柔韧性和能量代谢练习等多个素质类别，同时还提供多种动作模式练习、双人配合练习、爬行练习和儿童瑜伽等丰富多彩的实践内容，帮助他们提升运动表现，加强团队合作，并享受运动带来的健康和乐趣。

这套丛书联合体育训练和学校体育行业的国内外专家，参考国际最新的儿童和青少年训练体系和领域研究成果，以简洁实用的动作练习和丰富实用的训练计划来呈现，拟搭建6~15周岁范围内，中、小学的两段课程体系，构建中小学身体训练课程及儿童和青少年体质健康解决方案，帮助施教者提供更安全、更科学、更具趣味性的体育教学，促进儿童和青少年更积极地参与体育活动，更轻松易行地掌握基本运动技能，更科学合理地全面提高身体素质。

动作视频在线观看说明

为了帮助青少年快速掌握动作技术，科学进行锻炼，本书提供了大部分动作练习的演示视频，具体可通过以下步骤在线观看。

步骤1 打开微信"扫一扫"（图1）。

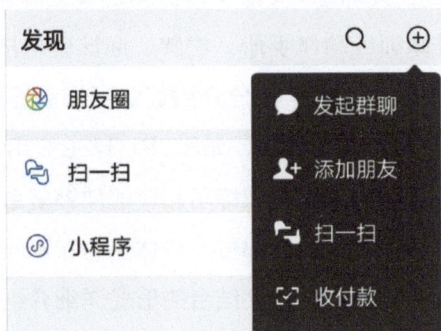

图1

步骤2 扫描动作练习页面上的二维码（图2和图3）。

图2

图3

步骤3 如果您尚未关注微信公众号"人邮体育"，扫描后会出现"人邮体育"的二维码（图4）。请根据说明关注"人邮体育"（图5），并在关注后点击"资源详情"（图6），即可进入动作视频观看页面（图7）。如果您已关注微信公众号"人邮体育"，扫描后可直接进入动作视频观看页面。

图 4

图 5

图 6

图 7

特殊说明：

1. 全书共提供了68个动作视频，且每个动作视频对应一个二维码。

2. 考虑到部分动作练习的单次演示时间较短和动作难度较大的情况，同时为了达到更好的指导效果，动作视频将重复演示动作练习若干次。此外，为了更好地展示动作细节，部分动作视频将从不同角度或书中演示侧的对侧演示动作练习并重复若干次。

目录 CONTENTS

CHAPTER **03** 第3章

动作练习

CHAPTER **04** 第4章

训练计划

CHAPTER **01** 第 1 章

核心训练基础知识

　　"核心"是人体的重要部位，在运动中具有维持躯干稳定、提高动作效率和能量输出的重要作用。核心训练主要包括核心力量训练、核心稳定性训练和核心功能性训练。

1.1 什么是 "核心"

　　关于核心，一直以来有多种表述，现在已经基本形成共识，从解剖学上可以被定义为躯干区域，其中包括骨骼（如肋骨、脊柱、骨盆带和肩带）、关联被动组织（软骨和韧带），以及引起、控制或阻止身体该区域活动的主动肌肉或肌肉群。

1.2 核心在运动中起到的作用

维持躯干稳定，建立正确的身体形态

　　核心肌肉的首要作用便是维持躯干的稳定性。核心肌肉力量薄弱会导致运动过程中出现身体不稳定、动作变形，并伴随着含胸驼背、脊柱侧弯、骨盆前倾、骨盆后倾等不良的身体姿态。核心区域就像是下肢和上肢之间的桥梁，必须以正确的方式训练核心肌肉，才能形成足够的脊柱稳定性，而该环节的稳定，是保障身体姿势与动作正确的基础。

提高运动时四肢及其他部位肌群的能量输出

几乎所有的运动都是需要多关节、多平面、多肌群共同参与的全身性运动，在运动过程中，核心是整体发力的主要环节。如何将不同关节肌群的力量整合起来，形成符合专项力学规律的肌肉"运动链"，为四肢末端创造高效而理想的发力条件，核心发挥着重要作用。尽管腰椎–骨盆–髋关节周围的肌肉并不像四肢肌肉那样直接执行身体的动作，但它们为保持身体稳定性所进行的等长收缩可以为末端肢体的运动创建支点，提高四肢肌肉的工作效率。

提高上下肢动作的协调性和工作效率，降低能量损耗

在解剖学结构层面，核心的正确姿势和稳定性是上肢和下肢做高效运动的前提。通常情况下，我们容易进入一个误区，即为了获得更大的力量、更高的速度、更好的耐力，我们总是着重发展不同肌肉的做功能力，却忽视了身体内部能量传递的效率问题，很多能量在上下肢传递过程中被"泄露"了。这种能量泄露往往被描述成"有力使不出"的感觉。而肩带、脊柱和骨盆作为动力链的主要支点，直接影响着上下肢运动的能量传递。强大的核心能力能够使我们在做技术动作时更加协调，力量传递速率更快，能量损失更少。

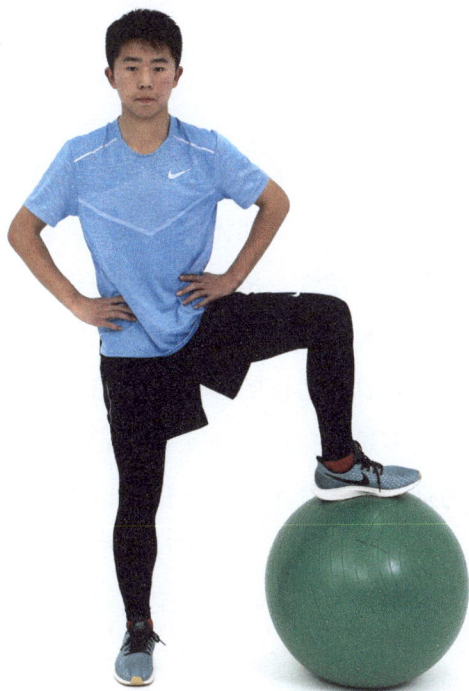

预防运动损伤

关于核心肌肉训练的早期文献来源于物理治疗和运动防护研究，其目的是减轻背部疼痛和纠正错误姿势。核心区作为人体完整的动力链的一部分可以将力在相邻的骨骼间传递，如果核心区某部分的肌肉较弱或者发展不平衡，则可能导致相邻骨骼的肌肉形成代偿运动，从而导致过度受力。比如，当站立时，向前或向后倾斜骨盆会分别导致腰椎过度伸直或者弯曲，最终可能导致姿态问题或者运动损伤。

1.3 核心训练的内容

核心力量训练

核心力量是指核心肌肉向心收缩、离心收缩和等长收缩的能力。所有运动项目都需要核心力量的参与，因此，在训练中可以施加一定量的负荷来提高核心肌肉力量。

核心稳定性训练

稳定性是指关节在运动中的稳定程度，以保障肢体之间进行有效的能量传递。它与其他体能要素一样具有自己特定的功能。核心稳定性又可称为躯干稳定性，是指在复杂的体育运动中稳定躯干在骨盆上的位置，产生和控制最佳力量并将其转移至四肢末端的能力。然而训练中人们往往更注重四肢肌肉力量的强化而忽略了核心部位，更关注看上去很漂亮的六块腹肌而不是如何让身体变得稳定。核心稳定性训练中，保持腰椎在中性范围内活动是最理想的，不仅可以防止组织受到过度应力，还有助于激活核心肌肉，通过肌肉紧张来让脊柱变结实是保持中性范围的关键，而且可以最大限度地提高脊柱的稳定性。

核心功能性训练

　　功能性训练是为了提高、保持和恢复机体特定运动功能的训练，为提高机体运动的整体性，实现远端肢体的有效功率输出，可以通过多关节、多肌群在多平面上进行屈伸、旋转等动作模式的训练，从而提高神经、肌肉、关节系统的能力。可以说，所有运动都在不同程度上动用了核心功能。

CHAPTER 02

第 2 章

瑞士球基础知识

瑞士球是一种在大众健身、专业体能和康复领域得到广泛运用的健身器械。了解瑞士球的起源、发展、训练优势及选择方法等基础知识，能够帮助练习者更科学、高效地进行训练。与此同时，瑞士球训练是一种兼具趣味性和功能性的训练方法，在青少年身体素质提升锻炼中具有独特的运用优势。但青少年练习者仍须了解进行瑞士球训练时的一些注意事项，且最好在有家长、老师、教练或同伴从旁保护的情况下进行训练。

2.1　瑞士球的起源

　　瑞士球也叫健身球或者稳定球，因最早起源和发明于瑞士而得名。瑞士球最早是作为玩具被发明出来的，后来才因其特殊的训练功能被物理治疗师运用于康复医疗领域。作为一种康复医疗设备，瑞士球可以用来帮助那些运动神经受损的人恢复平衡和运动能力。随着瑞士球训练在恢复腰、背、颈、髋关节、膝关节等功能方面发挥作用，逐渐被延伸推广为一种流行的健康运动。21 世纪初期，瑞士球作为一种颇受欢迎的，带有趣味性的运动器械，逐渐开始在大众健身领域受到关注并得到运用，并从瑞士流传至欧洲其他国家、美国以及世界各地。瑞士球的不稳定特性使得其在训练时能够刺激到机体深层的肌肉，从而产生良好的训练效果。因此，从康复领域开始，瑞士球也逐渐被广泛应用于竞技体育的身体训练当中，成为运动员必不可少的核心训练手段。

2.2　瑞士球训练的优势

成本低

　　瑞士球材料简单，造价低廉，未充气时也便于携带，且型号较多，几乎人人都可以拥有一个适合自己的瑞士球。此外，人们不必非得去健身房才能用瑞士球锻炼，只需要一个足够大的空间，即便在家里也可以轻松使用。

增强核心稳定性以及平衡能力

　　采用瑞士球进行训练时，身体的某些部位会接触到瑞士球，此时机体处于不稳定的平面上。在这种情况下进行练习，练习者必须先稳定重心，然后才能执行特定的训练动作。由于瑞士球提供了非稳定的训练环境，因此练习者必须不断提高核心稳定性和平衡能力，才能控制好不断变化的身体重心。

提高核心专门性力量

　　瑞士球练习是发展核心专门性力量的主要手段。训练时，瑞士球所提供的不稳定环境能够刺激练习者的本体感受器，使其募集更多的运动单位，加强对深层小肌肉群的锻炼效果。此外，瑞士球可以应用到专项训练中，与其他专项技术动作相结合。比如，游泳运动员在瑞士球上做双腿打水动作，这样能够更好地提高游泳项目的核心专门性力量，从而更有效地提升运动表现。

增强神经肌肉控制能力

　　在运动中，中枢神经系统（即大脑和脊髓）通过本体感受器（比如肌梭、高尔基腱器官和游离神经末梢）源源不断地接收感官反馈，收集关于肌肉长度、肌肉张力、关节位置和关节转动程度的信息。采用瑞士球训练，使机体在平衡与不平衡之间快速转换，这样能够加深对本体感受器的刺激，久而久之，人体的神经系统会通过运动链来完美地控制各部位肌肉，从而实现高效、稳定的动作模式。

2.3　瑞士球的型号选择

瑞士球的选择通常是以练习者的身高为依据。当练习者坐在瑞士球上，双脚平放在地板上的情况下，其臀部应该略高于膝盖。一般来说，练习者的手臂长度是衡量是否选择了大小合适的瑞士球的标准。

手臂长度 / 厘米	瑞士球尺寸（直径）/ 厘米
56~65	55
66~80	65
81~90	75
90	85

2.4 瑞士球训练在青少年身体素质提升训练中的运用优势

瑞士球作为一种极具趣味性的健身器械，很容易受到青少年的喜爱。在使用瑞士球训练的过程中，青少年感受到的不仅是显著的训练效果，还有新型锻炼方式带来的乐趣，这也将大大提高他们进行锻炼的积极性。

青少年时期是身体发育最敏感的阶段之一，过快的生长发育、校园体育里产生的不平衡锻炼（如只注重前面而忽视后背）以及长时间的埋头苦学等，都可能会对青少年的身体姿态产生不良影响。比如，我们常常看到有些孩子早早地就戴上了有厚厚的镜片的眼镜，通常他们还有含胸驼背等不良体态。其实他们都可能存在骨盆前倾、胸椎灵活性受限，以及胸部过于紧张造成的上背部肌肉僵硬等问题。而瑞士球正是一种矫正不良体态的重要训练器械，其所具有的不稳定性及球体任意滚动的特性，能够有效拉伸紧缩的肌肉，同时激活那些僵硬的肌肉，并锻炼到身体后侧那些经常被忽视的肌肉。这不仅能够促进青少年身体形态的健康发育，还可以提高青少年对身体的满意度和自信心。

青少年时期同时也是神经系统发育较快的时期，此时的动作学习呈现出速度快但不准确的特点，尤其是对复杂动作的掌握存在一定困难。与此同时，由于青少年身体在青春期快速发育，肌肉、骨骼等组织的急剧生长，使青少年的动作和姿势弹性比较大，并容易发生变形。此时采用瑞士球训练，增强核心力量，能够有效提高青少年对合理姿势的控制能力，逐渐形成稳定、协调的技术动作，从而使体育运动能力得到提高。

　　此外，由于青少年活泼好动，并且骨骼和肌肉系统尚未发育成熟，所以很容易在运动中发生损伤（如生长软骨损伤）。而身体中的小肌肉群能够对人体关节和韧带形成有效保护，这对青少年来说至关重要。利用瑞士球可以有效训练身体深层小肌肉群，因此，应该更多地将瑞士球应用到提升青少年身体素质的训练过程中。此外，瑞士球对深层小肌肉群的强化，也将为青少年今后进行更高难度的训练进阶打下坚实的基础。

2.5　瑞士球训练的注意事项

　　进行瑞士球训练时，应注意以下事项。

　　（1）进行瑞士球训练时，要确保拥有足够大的场地，地面要干净、整洁、防滑，任何的砂砾或碎片都可能划破球体，给训练带来危险。此外，青少年在做一些难度较大或有一定风险的动作时，需要同伴或经验丰富的家长或教练的保护。比如，上身躺在瑞士球上做一些力量练习时，因为不稳定和难以控制，或者因为训练水平不足，增强负荷的器械可能会脱手滑落，又或者球体滑出导致身体摔倒在地上。另外，注意练习时不要相互恶作剧，这会给同伴带来伤害。一旦有意外运动损伤发生，要及时处理或寻求专业帮助。

（2）青少年的训练服装不要太光滑及宽松，摩擦力太小会导致练习者无法对球体进行有效控制从而引起滑落。如果需要穿鞋训练，鞋子不要太厚和太重，尽量选择轻薄的鞋子，这样会便于控制球体。

（3）一个使用优质材料制作的瑞士球通常可以承受200~300千克的重量，这对于青少年来说是安全的，因为其身体和设备的组合重量一般不会超过这个范围。但要注意瑞士球内的气体不能充得压强太大，这会降低其负荷承受能力，同时一旦碰到尖锐物体反而容易破裂或者炸裂；里面的气体也不能太少，如果太少，球体软塌，则达不到预定的训练效果。

（4）由于瑞士球提供了一个不稳定的平面，增加了举起重物的难度，而青少年的骨骼肌肉系统发育尚不完善，所以要谨慎地选择负重物的重量。

CHAPTER

03

动作练习

青少年可利用瑞士球对不同身体部位进行不同功能的锻炼。明确瑞
士球动作练习的训练部位和训练目标，掌握动作要点和注意事项，是
青少年获得理想锻炼效果的基础和保障。

3.1 站姿训练

瑞士球 - 站姿 - 单腿 - 平衡旋转

训练部位 **核心**

主要肌肉 **核心肌群**

训练板块 **力量练习、平衡稳定练习、核心练习**

训练目标 **稳定、力量**

注意事项 **在运动过程中脚尖朝前，核心收紧**

动作要点

1 单腿站立，呈运动准备姿势，双手持瑞士球，并将其置于胸前。

2 核心收紧，保持身体稳定，将瑞士球缓慢向身体左侧转动。

↻ 保持动作，再向右侧转动。在规定时间内持续进行以上步骤，完成后，换边进行下一组。

瑞士球 - 站姿 - 下蹲前推

训练部位　**核心**

主要肌肉　**核心肌群**

训练板块　**力量练习、平衡稳定练习、核心练习**

训练目标　**稳定、力量**

注意事项　**运动过程中核心收紧**

站姿训练　坐姿训练　俯卧姿训练　仰卧姿训练　侧卧姿训练　跪姿训练

❶

❷ ↻

动作要点

❶ 呈运动准备姿，将瑞士球置于身体前侧，双腿微屈，双手置于球上。

❷ 双脚位置不变，将身体重心慢慢前移，并逐渐伸展身体；将瑞士球推向前方，使之向前滚动，同时身体伸展至最大幅度，背部挺直。

↻ 双脚位置不变，慢慢将瑞士球往身体内侧拉动，直至拉回到起始姿势，充分调动核心和下背部肌肉力量完成这一动作；根据训练计划，重复规定次数。

瑞士球 - 侧向分腿蹲

①

训练部位	核心、下肢
主要肌肉	股四头肌、臀大肌、大腿内侧肌群、核心肌群
训练板块	力量练习、平衡稳定练习、核心练习
训练目标	稳定、力量
注意事项	下蹲过程中膝盖尽量不要超过脚尖，并保持背部平直、核心收紧

② ↻

动作要点

① 双手置于腰部，直立姿，单腿站立，另一侧腿外展 90 度，将脚置于瑞士球上方球面上，脚尖朝向外侧。

② 臀部向后，支撑腿屈髋屈膝下蹲，同时球向外侧移动，直至大腿与地面平行。

↻ 起身恢复至起始姿势；根据训练计划，重复规定次数；换边进行下一组。

瑞士球 - 后腿抬高分腿蹲

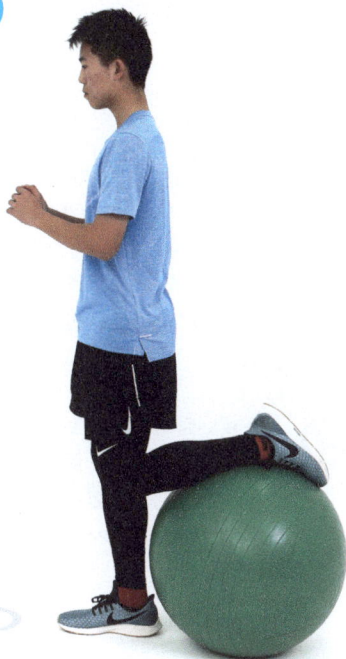

训练部位	**核心、下肢**
主要肌肉	**股四头肌、臀大肌、核心肌群**
训练板块	**力量练习、平衡稳定练习、核心练习**
训练目标	**稳定、力量**
注意事项	**下蹲过程中膝盖尽量不要超过脚尖，并保持背部平直、核心收紧**

动作要点

1. 双手置于体前保持平衡，直立姿，单腿站立，另一只腿抬起，脚背置于身体后侧瑞士球上方球面上。

2. 臀部向后，支撑腿屈髋屈膝下蹲，直至大腿尽量与地面平行，屈曲腿在瑞士球上保持自然伸展。

↻ 起身恢复到起始姿势，按训练计划，重复规定次数；换边进行下一组。

站姿训练　坐姿训练　俯卧姿训练　仰卧姿训练　侧卧姿训练　跪姿训练

3.2 坐姿训练

瑞士球 - 坐姿 - 交替转髋

训练部位 **核心**

主要肌肉 **核心肌群**

训练板块 **灵活性练习、平衡稳定练习、核心练习**

训练目标 **稳定、力量**

注意事项 **运动过程中保持核心收紧**

动作要点

1 坐于瑞士球上，挺胸直背，双脚分开与肩同宽，保持身体稳定。

2 髋部发力，使瑞士球向一侧滚动，同时抬起一侧髋部至最大幅度。

↻ 恢复到起始姿势，换边进行，抬起另一侧髋部至最大幅度，再次恢复到起始姿势；按训练计划，重复规定次数。

1

2

↻

瑞士球 - 坐姿 - 双人传球

训练部位 **核心**

主要肌肉 **核心肌群、胸大肌、三角肌前束**

训练板块 **力量练习、平衡稳定练习、核心练习**

训练目标 **稳定、力量**

站姿训练

坐姿训练

俯卧姿训练

仰卧姿训练

侧卧姿训练

跪姿训练

动作要点

1 两名练习者面对面分别坐在两个瑞士球上，保持一定距离用于抛球，一人手持药球于胸前；腹部收紧，双脚置于瑞士球前侧地面支撑，保持身体平衡、稳定。

2 手持药球的练习者伸肘，快速将药球从胸口向前推出，传给对方。

↻ 另一练习者伸手接球，接到后立刻重复以上步骤；按训练计划，重复规定次数。

瑞士球 - 哑铃 - 坐姿 - 侧平举

训练部位　**核心、上肢**

主要肌肉　**核心肌群、三角肌、斜方肌、冈上肌**

训练板块　**力量练习、平衡稳定练习、核心练习**

训练目标　**稳定、力量**

注意事项　**运动过程中核心收紧、不要耸肩**

动作要点

1 坐于瑞士球上，双脚支撑于地面上，挺胸直背，保持身体稳定。双手持哑铃，自然下垂置于身体两侧。

2 双臂侧平举，抬起至肩部高度，与地面平行。

↻ 放下手臂，恢复到起始姿势；按训练计划，重复规定次数。

瑞士球 - 哑铃 - 坐姿 - 直握过顶推举

训练部位	**核心**
主要肌肉	**核心肌群、三角肌、斜方肌**
训练板块	**力量练习、平衡稳定练习、核心练习**
训练目标	**稳定、力量**
注意事项	**运动过程中核心收紧，不要耸肩**

动作要点

1 坐于瑞士球上，双脚支撑于地面上，挺胸直背，保持身体稳定，双手直握哑铃，屈肘收于肩部前方。

2 保持身体稳定，双臂向上推举至手臂伸直，双臂距离与肩同宽。

↻ 恢复到起始姿势；按训练计划，重复规定次数。

站姿训练

坐姿训练

俯卧姿训练

仰卧姿训练

侧卧姿训练

跪姿训练

瑞士球 - 哑铃 - 坐姿 - 直握交替过顶推举

训练部位	**核心**
主要肌肉	**核心肌群、三角肌、斜方肌**
训练板块	**力量练习、平衡稳定练习、核心练习**
训练目标	**稳定、力量**
注意事项	**运动过程中核心收紧，不要耸肩**

①

动作要点

1 坐于瑞士球上，双脚支撑于地面上，挺胸直背，保持身体稳定，双手直握哑铃，屈肘收于肩部前方。

2 保持身体稳定，一侧手臂保持在原位，另一侧手臂贴耳向上推举至手臂伸直。

↻ 恢复到起始姿势；换边进行同样动作，重复上述步骤；按训练计划，重复规定次数。

② 手臂伸直举过头顶

↻

瑞士球 - 哑铃 - 坐姿 - 肱三头肌伸展

训练部位	**核心**
主要肌肉	**核心肌群、肱三头肌**
训练板块	**力量练习、平衡稳定练习、核心练习**
训练目标	**稳定、力量**
注意事项	**运动过程中保持身体稳定，肘部不要外展**

①

动作要点

① 坐于瑞士球上，双脚支撑于地面上，挺胸直背，保持身体稳定，双手握住一只哑铃，向上伸展双臂，将哑铃置于头顶上方，双臂与肩同宽。

② 上臂保持不动，屈肘，前臂向后，将哑铃下降至颈后。

↻ 向上伸直手臂，将哑铃再次置于头顶上方，恢复到起始姿势；按训练计划，重复规定次数。

②

↻

站姿训练

坐姿训练

俯卧姿训练

仰卧姿训练

侧卧姿训练

跪姿训练

瑞士球 - 弹力带 - 坐姿 - 单臂外旋

训练部位 核心、上肢

主要肌肉 核心肌群、三角肌后束、冈下肌、小圆肌

训练板块 力量练习、平衡稳定练习、核心练习

训练目标 稳定、力量

注意事项 运动过程中核心收紧，不要耸肩

动作要点

1 坐于瑞士球上，双脚支撑于地面上，挺胸直背，保持身体稳定，单侧手拉住弹力带一端，屈肘，保持上臂与前臂呈 90 度夹角，抬起手臂直至与地面平行。

2 保持肘关节位置不变，肩关节外旋，前臂向上抬起，直至与地面垂直。

↻ 保持肘关节位置不变，肩关节内旋，前臂沿动作要点2向上运动轨迹，反向恢复到起始姿势；按训练计划，重复规定次数；换边进行同样动作。

1

90°
保持肘关节高度不变，角度不变

2 ↻

瑞士球 - 弹力带 - 坐姿 - 旋转推举

训练部位	**核心**
主要肌肉	**核心肌群、三角肌、斜方肌、冈下肌、小圆肌**
训练板块	**力量练习、灵活性练习、平衡稳定练习、核心练习**
训练目标	**稳定、力量**
注意事项	**运动过程中保持核心收紧**

动作要点

1 将弹力带的一端固定于身体正侧面。坐于瑞士球上，双脚支撑于地面上，挺胸直背，保持身体稳定，双手握住弹力带一端并置于腰间，上身微微转向弹力带一侧。

2 **3** 向弹力带的对侧进行转体，同时向其对角线方向提起弹力带，直至双臂伸直，握住弹力带的双手置于头顶斜上方。

↻ 恢复到起始姿势，按训练计划，重复规定次数；换边进行同样动作。

快速转向

站姿训练

坐姿训练

俯卧姿训练

仰卧姿训练

侧卧姿训练

跪姿训练

瑞士球 - 弹力带 - 坐姿 - 旋转后拉

①

训练部位	**核心**
主要肌肉	**核心肌群**
训练板块	**力量练习、灵活性练习、平衡稳定练习、核心练习**
训练目标	**稳定、力量**
注意事项	**运动过程中保持核心收紧，头部跟随躯干转动**

②

③ ↻

快速转向

保持高度

动作要点

① 将弹力带一端固定于身体正侧面。坐于瑞士球上，双脚支撑于地面上，挺胸直背，保持身体稳定，双手握住弹力带一端并置于腰间，上身微转向弹力带一侧。

②
③ 向弹力带的对侧进行转体，同时提拉弹力带。双手尽量向对侧后拉，与此同时，保持双手握弹力带的高度始终在腹部高度。

↻ 恢复到起始姿势，按训练计划，重复规定次数；换边进行同样动作。

瑞士球 - 哑铃 - 坐姿 - 双腿提踵

训练部位	核心、下肢
主要肌肉	踝关节肌群、比目鱼肌、核心肌群
训练板块	力量练习、平衡稳定练习、核心练习
训练目标	稳定、力量
注意事项	运动过程中保持身体正直，核心收紧

动作要点

1. 坐于瑞士球上，双脚支撑于地面上，挺胸直背，保持身体稳定，双手各直握一只哑铃，置于膝关节上。

2. 保持身体稳定，双腿同时提踵。

↻ 恢复到起始姿势；按训练计划，重复规定次数。

站姿训练

坐姿训练

俯卧姿训练

仰卧姿训练

侧卧姿训练

跪姿训练

3.3　俯卧姿训练

3.3.1　手撑

瑞士球 - 上斜 - 交替向前提膝

训练部位	核心、下肢、肩关节
主要肌肉	核心肌群、股四头肌、小腿三头肌、肩袖肌群
训练板块	力量练习、平衡稳定练习、核心练习
训练目标	稳定、力量
注意事项	运动过程中核心收紧，背部平直

动作要点

1. 双手撑于瑞士球上并置于肩部正下方，手臂伸直，双脚分立，与肩同宽，前脚掌着地，向后蹬地，保持身体稳定，背部平直，保持身体呈一条直线。

2. 一侧腿屈髋屈膝，向上提膝，脚尖上勾并尽量贴近胸部，保持身体稳定。

恢复到起始姿势，换边进行同样动作 按训练计划，重复规定次数。

瑞士球 - 上斜 - 肩胛骨撑起

训练部位　**核心、背部**

主要肌肉　**核心肌群、菱形肌**

训练板块　**力量练习、平衡稳定练习、核心练习**

训练目标　**稳定、力量**

注意事项　**运动过程中核心收紧，手臂伸直**

动作要点

1　双手撑于瑞士球上并置于肩部正下方，手臂伸直，双脚分立，与肩同宽，前脚掌着地，向后蹬地，保持身体稳定，背部平直，保持身体呈一条直线。

2　保持身体稳定，双臂伸直，两侧肩胛骨向内收，胸部下降。

↻　用力推球使身体恢复到起始姿势；按训练计划,重复规定次数。

站姿训练

坐姿训练

俯卧姿训练

仰卧姿训练

侧卧姿训练

跪姿训练

3.3.2　肘撑

瑞士球 - 上斜 - 俯桥静力

训练部位　**核心**

主要肌肉　**核心肌群**

训练板块　**力量练习、平衡稳定练习、核心练习**

训练目标　**稳定、力量**

注意事项　**运动过程中要保持背部平直，腹部收紧，躯干稳定**

动作要点

双臂屈肘撑于瑞士球上；双腿分开并伸直，前脚掌撑地，背部平直，保持身体呈一条直线。规定时间内保持身体稳定，姿势不变。

瑞士球 - 上斜 - 俯桥 - 抬腿静力

训练部位　**核心、下肢**

主要肌肉　**核心肌群、臀大肌**

训练板块　**力量练习、平衡稳定练习、核心练习**

训练目标　**稳定、力量**

注意事项　**运动过程中要保持背部平直，腹部收紧，躯干稳定**

动作要点

1 双臂屈肘撑于瑞士球上，肘部位于肩部正下方；双腿分开并伸直，前脚掌撑地，背部平直，保持身体呈一条直线。

2 上身不动，保持稳定，向上抬起一侧腿，直至臀部高度，此时，双腿都保持伸直状态。规定时间内保持身体稳定，姿势不变。

↻ 恢复到起始姿势，换边进行同样动作。

呈一条直线

站姿训练

坐姿训练

俯卧姿训练

仰卧姿训练

侧卧姿训练

跪姿训练

瑞士球 - 上斜 - 俯桥 - 交替抬腿

训练部位 **核心、下肢**

主要肌肉 **核心肌群、臀大肌**

训练板块 **力量练习、平衡稳定练习、核心练习**

训练目标 **稳定、力量**

注意事项 **运动过程中要保持背部平直，腹部收紧，躯干稳定不动**

动作要点

1 双臂屈肘撑于瑞士球上，肘部位于肩部正下方。双腿分开并伸直，前脚掌撑地，背部平直，保持身体呈一条直线。

2 上身不动，保持稳定，向上抬起一侧腿，约至臀部高度，双腿伸直，保持2~3秒。

↻ 直腿放下抬起的一侧腿，恢复到起始姿势，立刻换边进行同样动作。连续重复以上步骤，按训练计划，重复规定次数。

2~3秒

瑞士球 - 上斜 - 肘撑交替提膝

训练部位　**核心、下肢**

主要肌肉　**核心肌群、髂腰肌、股四头肌**

训练板块　**力量练习、平衡稳定练习、核心练习**

训练目标　**稳定、力量**

注意事项　**运动过程中要保持背部平直，腹部收紧，躯干稳定**

动作要点

1 双臂屈肘撑于瑞士球上，肘部位于肩部正下方；双腿伸直，分开与肩同宽，前脚掌撑地，背部平直，保持身体呈一条直线。

2 一侧腿屈髋屈膝上提，脚尖上勾，身体始终保持稳定；抬起的一侧腿向后落地，恢复到起始姿势。

↻ 换边进行同样动作。按训练计划，重复规定次数。

站姿训练

坐姿训练

俯卧姿训练

仰卧姿训练

侧卧姿训练

跪姿训练

瑞士球 - 迷你带 - 上斜 - 俯桥 - 交替举腿

训练部位	核心、下肢
主要肌肉	核心肌群、臀大肌
训练板块	力量练习、平衡稳定练习、核心练习
训练目标	稳定、力量
注意事项	运动过程中要保持背部平直，腹部收紧，躯干稳定

动作要点

1 双脚套上迷你带，置于脚踝位置，双臂屈肘撑于瑞士球上，肘部位于肩部正下方，双腿分开并伸直，前脚掌撑地，背部平直，保持身体呈一条直线。

2 上身不动，保持稳定，向上抬起一侧腿。

↻ 直腿放下抬起的一侧腿，恢复到起始姿势，立刻换边进行同样动作；按训练计划，重复规定次数。

3.3.3 脚撑

瑞士球 - 下斜 - 平板支撑 - 脚尖撑静力

训练部位　**核心**

主要肌肉　**核心肌群**

训练板块　**力量练习、平衡稳定练习、核心练习**

训练目标　**稳定、力量**

注意事项　**运动过程中要保持背部平直，腹部收紧，躯干稳定**

动作要点

双手直臂撑地，手掌置于肩部正下方，呈俯卧撑姿势，双脚脚尖撑于瑞士球正上方表面，保持身体稳定，呈一条直线；规定时间内保持姿势不变。

呈一条直线

正下方

站姿训练

坐姿训练

俯卧姿训练

仰卧姿训练

侧卧姿训练

跪姿训练

瑞士球 - 下斜 - 俯桥静力

训练部位 **核心**

主要肌肉 **核心肌群**

训练板块 **力量练习、平衡稳定练习、核心练习**

训练目标 **稳定、力量**

注意事项 **在运动过程中保持背部平直，腹部收紧，躯干稳定**

动作要点

双臂屈肘撑地，呈俯桥姿势，双脚脚背及小腿前侧置于瑞士球正上方表面，保持身体稳定，呈一条直线；规定时间内保持姿势不变。

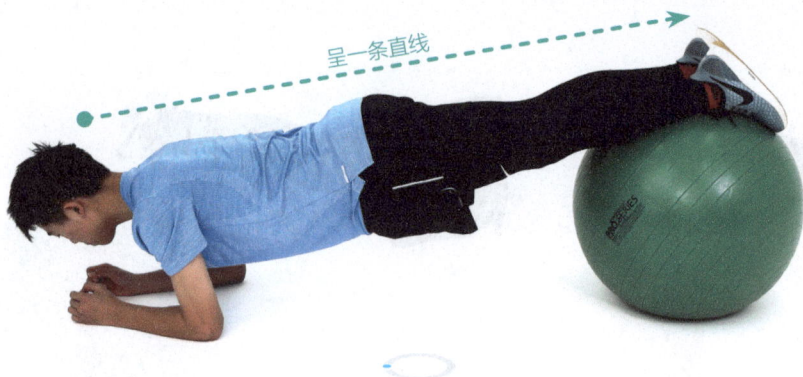

呈一条直线

瑞士球 - 下斜 - 俯桥 - 抬腿静力

训练部位 **核心、下肢**

主要肌肉 **核心肌群、臀大肌**

训练板块 **力量练习、平衡稳定练习、核心练习**

训练目标 **稳定、力量**

注意事项 **运动过程中要保持背部平直，腹部收紧，躯干稳定**

动作要点

1 双臂屈肘撑地，肘部置于肩部正下方，呈俯桥姿势，双脚脚背及小腿前侧置于瑞士球正上方表面，保持身体稳定，呈一条直线。

2 上身不动，保持稳定，向上抬起一侧腿；规定时间内保持姿势不变。

↻ 换边进行同样动作。

1 呈一条直线

2 ↻

站姿训练

坐姿训练

俯卧姿训练

仰卧姿训练

侧卧姿训练

跪姿训练

瑞士球 - 下斜 - 俯桥 - 交替抬腿

训练部位 **核心、下肢**

主要肌肉 **核心肌群、臀大肌**

训练板块 **力量练习、平衡稳定练习、核心练习**

训练目标 **稳定、力量**

注意事项 **运动过程中要保持背部平直，腹部收紧，躯干稳定**

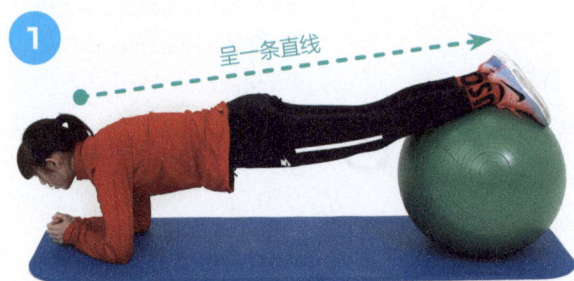

① 呈一条直线

② 2~3秒

⟲

动作要点

① 双臂屈肘撑地，肘部置于肩部正下方，呈俯桥姿势，双脚脚背及小腿前侧置于瑞士球正上方表面，保持身体稳定呈一条直线。

② 上身不动，保持稳定，向上抬起一侧腿，保持2~3秒。

⟲ 直腿放下抬起的一侧腿，恢复到起始姿势，立刻换边进行同样动作；连续重复以上步骤，按训练计划，重复规定次数。

瑞士球 - 下斜 - 平板支撑 - 脚背撑静力

训练部位　核心

主要肌肉　核心肌群

训练板块　力量练习、平衡稳定练习、核心练习

训练目标　稳定、力量

注意事项　运动过程中要保持背部平直，腹部收紧，躯干稳定

动作要点

双手直臂撑地，手掌置于肩部正下方，呈俯卧撑姿势，双脚脚背及双腿小腿前侧置于瑞士球正上方表面，保持身体稳定，呈一条直线；规定时间内保持姿势不变。

呈一条直线

正下方

站姿训练

坐姿训练

俯卧姿训练

仰卧姿训练

侧卧姿训练

跪姿训练

瑞士球 - 下斜 - 平板支撑 - 抬腿静力

训练部位　**核心、下肢**

主要肌肉　**核心肌群、臀大肌**

训练板块　**力量练习、平衡稳定练习、核心练习**

训练目标　**稳定、力量**

注意事项　**运动过程中要保持背部平直，腹部收紧，躯干稳定**

动作要点

1 双手直臂撑地，手掌置于肩部正下方，呈俯卧撑姿势，双脚脚背及双腿小腿前侧置于瑞士球正上方表面，保持身体稳定，呈一条直线。

2 上身不动，保持稳定，向上抬起一侧腿；规定时间内保持姿势不变。

↻ 恢复到起始姿势；换边进行同样动作。

呈一条直线

瑞士球 - 下斜 - 平板支撑 - 交替抬腿

训练部位　**核心、下肢**

主要肌肉　**核心肌群、臀大肌**

训练板块　**力量练习、平衡稳定练习、核心练习**

训练目标　**稳定、力量**

注意事项　**运动过程中要保持背部平直，腹部收紧，躯干稳定**

动作要点

1 双手直臂撑地，手掌置于肩部正下方，呈俯卧撑姿势，双脚脚背及双腿小腿前侧置于瑞士球正上方表面，保持身体稳定，呈一条直线。

2 上身不动，保持稳定，向上抬起一侧腿，保持 2~3 秒。

↻ 直腿放下抬起的一侧腿，恢复到起始姿势，立刻换边进行同样动作；连续重复以上步骤，按训练计划，重复规定次数。

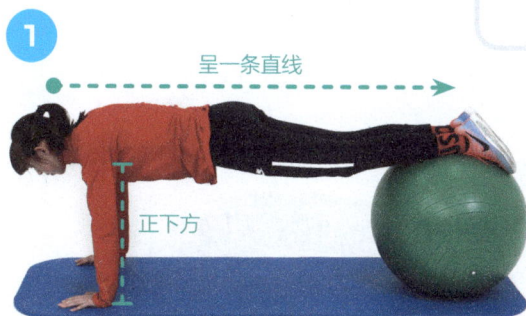

呈一条直线

正下方

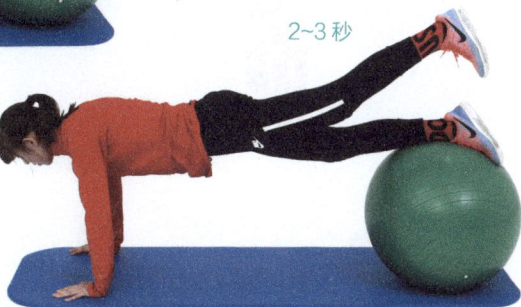

2~3 秒

站姿训练

坐姿训练

俯卧姿训练

仰卧姿训练

侧卧姿训练

跪姿训练

瑞士球 - 下斜 - 俯撑屈膝

训练部位 **核心**

主要肌肉 **核心肌群、髂腰肌**

训练板块 **力量练习、平衡稳定练习、核心练习**

训练目标 **稳定、力量**

注意事项 **运动过程中保持背部平直、腹部收紧**

动作要点

1 双手直臂撑地，手掌置于肩部正下方，呈俯卧撑姿势，双脚脚背及双腿小腿前侧置于瑞士球正上方表面，保持身体稳定，呈一条直线。

2 屈髋屈膝，使双腿向胸部贴近，带动瑞士球向身体正前方滚动，直至只有脚尖与瑞士球接触。

↻ 双腿向后伸展，恢复到起始姿势；按训练计划，重复规定次数。

① 呈一条直线

② **↻**

瑞士球 - 下斜 - 夹球交替转髋

训练部位　**核心、下肢**

主要肌肉　**核心肌群、大腿内侧肌群**

训练板块　**力量练习、平衡稳定练习、核心练习**

训练目标　**稳定、力量**

注意事项　**运动过程中保持背部平直、腹部收紧**

动作要点

1 双手直臂撑地，手掌置于肩部正下方，呈俯卧撑姿势，双腿小腿置于瑞士球顶两侧，双脚内侧贴住瑞士球表面，夹住瑞士球，保持身体稳定，呈一条直线。

2 上身不动，双臂不动，髋部与双腿转向一侧至大约45度，保持身体稳定。

↻ 恢复到起始姿势，换边进行同样动作；按训练计划，重复规定次数。

站姿训练　坐姿训练　俯卧姿训练　仰卧姿训练　侧卧姿训练　跪姿训练

瑞士球 - 下斜 - 俯卧撑

训练部位　**核心、胸部**

主要肌肉　**核心肌群、胸大肌**

训练板块　**力量练习、平衡稳定练习、核心练习**

训练目标　**稳定、力量**

注意事项　**运动过程中保持背部平直、腹部收紧**

动作要点

1 双手直臂撑地，手掌置于肩部正下方，呈俯卧撑姿势，双脚脚尖撑于瑞士球正上方表面，保持身体稳定，呈一条直线。

2 屈肘，背部始终保持平直，腹部收紧，身体呈一条直线下沉，胸部贴近地面，上臂与躯干呈45 度夹角。

↺ 快速推起身体，手臂伸直，恢复到起始姿势；按训练计划，重复规定次数。

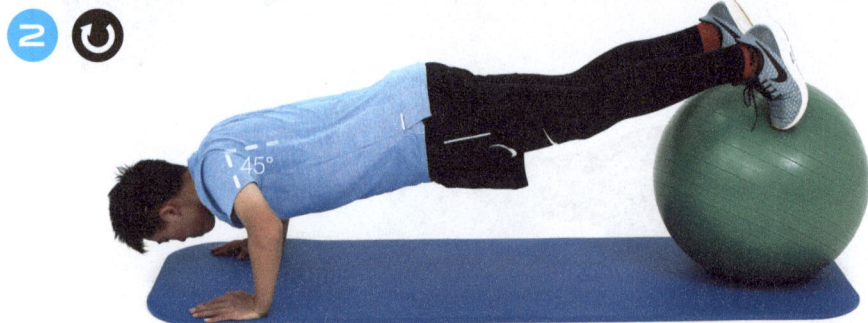

3.3.4 躯干支撑

瑞士球 - 上斜 - I字

训练部位 **核心、背部**

主要肌肉 **核心肌群、肩胛骨周围肌群**

训练板块 **力量练习、平衡稳定练习、核心练习**

训练目标 **稳定、力量**

注意事项 **运动过程中腹部收紧，挺胸，不要耸肩**

动作要点

1 俯卧于瑞士球上，双臂伸直，于身体两侧自然下垂，置于瑞士球前方，腹部撑球，胸部不要贴住球面，腹部收紧，双腿伸直，双脚前脚掌撑地。

2 双侧肩胛骨收紧，拇指向上，双臂伸直，向前抬起，与肩同宽，身体整体呈字母"I"形。

↻ 双臂放下，恢复到起始姿势；按训练计划，重复规定次数。

站姿训练

坐姿训练

俯卧姿训练

仰卧姿训练

侧卧姿训练

跪姿训练

1

2 ↻

瑞士球 - 上斜 - Y字

训练部位 **核心、背部**

主要肌肉 **核心肌群、肩胛骨周围肌群**

训练板块 **力量练习、平衡稳定练习、核心练习**

训练目标 **稳定、力量**

注意事项 **运动过程中腹部收紧，挺胸，不要耸肩**

1

2 **↻**

瑞士球 - 上斜 - T字

训练部位　**核心、背部**

主要肌肉　**核心肌群、肩胛骨周围肌群**

训练板块　**力量练习、平衡稳定练习、核心练习**

训练目标　**稳定、力量**

注意事项　**运动过程中腹部收紧，挺胸，不要耸肩**

动作要点

① 俯卧于瑞士球上，双臂伸直，于身体两侧自然下垂，置于瑞士球前方，腹部撑球，胸部不要贴住球面，腹部收紧，双腿伸直，双脚前脚掌撑地。

② 双侧肩胛骨收紧，拇指向上，双臂伸直，向两侧抬起，与躯干组合呈字母"T"形。

↻ 双臂放下，恢复到起始姿势；按训练计划，重复规定次数。

站姿训练

坐姿训练

俯卧姿训练

仰卧姿训练

侧卧姿训练

跪姿训练

①

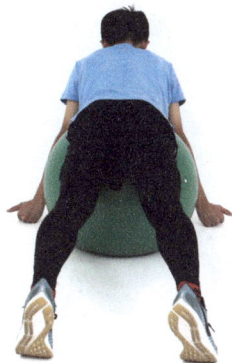

② ↻

瑞士球 - 上斜 - W 字

训练部位　**核心、背部**

主要肌肉　**核心肌群、肩胛骨周围肌群**

训练板块　**力量练习、平衡稳定练习、核心练习**

训练目标　**稳定、力量**

注意事项　**运动过程中腹部收紧，挺胸，不要耸肩**

动作要点

1 俯卧于瑞士球上，双臂伸直，于身体两侧自然下垂，置于瑞士球前方，腹部撑球，胸部不要贴住球面，腹部收紧，双腿伸直，双脚前脚掌撑地。

2 双侧肩胛骨收紧，拇指向上，双臂屈肘形成夹角，抬起手臂，与肩部持平，与躯干组合呈字母"W"形。

↻ 双臂放下，恢复到起始姿势；按训练计划，重复规定次数。

1

2 **↻**

瑞士球 - 上斜 - L字

训练部位	**核心、背部**
主要肌肉	**核心肌群、肩胛骨周围肌群**
训练板块	**力量练习、平衡稳定练习、核心练习**
训练目标	**稳定、力量**
注意事项	**运动过程中腹部收紧，挺胸，不要耸肩**

动作要点

1. 俯卧于瑞士球上，双臂伸直，于身体两侧自然下垂，置于瑞士球前方，腹部撑球，胸部不要贴住球面，腹部收紧，双腿伸直，双脚前脚掌撑地。

2. 双侧肩胛骨收紧，拇指相对，屈肘，形成90度夹角，上臂向上抬起至躯干高度。

3. 前臂向上抬起，直至与躯干处于同一平面。

↻ 双臂放下，恢复到起始姿势；按训练计划，重复规定次数。

站姿训练　坐姿训练　俯卧姿训练　仰卧姿训练　侧卧姿训练　跪姿训练

瑞士球 - 上斜 - 交替转肩

训练部位 **核心**

主要肌肉 **核心肌群**

训练板块 **力量练习、平衡稳定练习、核心练习**

训练目标 **稳定、力量**

注意事项 **在运动过程中腹部收紧**

动作要点

1 俯卧于瑞士球上，双臂屈肘，双手置于脑后，呈轻轻抱头姿势，腹部撑球，胸部不要贴住球面，腹部收紧，双腿伸直，双脚前脚掌撑地。

2 挺胸直背，向一侧转动躯干至最大幅度。

↻ 恢复到起始姿势，换边进行同样动作；按训练计划，重复规定次数。

瑞士球 - 俯卧 - 背部伸展静力

训练部位   **核心、背部**

主要肌肉   **核心肌群、肩胛骨周围肌群**

训练板块   **力量练习、平衡稳定练习、核心练习**

训练目标   **稳定、力量**

注意事项   **运动过程中要保持背部平直，腹部收紧，挺胸，不要耸肩**

动作要点

俯卧于瑞士球上，双臂伸直置于身体两侧，向髋部外侧抬起，与躯干形成大约30度夹角，双侧肩胛骨收紧，腹部贴球支撑，胸部不要贴住球面，背部平直，腹部收紧，双腿伸直，双脚前脚掌撑地；规定时间内保持姿势不变。

站姿训练

坐姿训练

俯卧姿训练

仰卧姿训练

侧卧姿训练

跪姿训练

瑞士球 - 俯撑 - 交替伸髋

训练部位　**核心**

主要肌肉　**核心肌群、臀大肌**

训练板块　**力量练习、平衡稳定练习、核心练习**

训练目标　**稳定、力量**

注意事项　**在运动过程中保持双腿伸直且双脚勾脚**

动作要点

1 俯卧于瑞士球上，髋部贴球，双手直臂撑地，手掌置于肩部正下方，呈俯卧撑姿势，双腿伸直，身体呈一条直线。

2 向上抬起一侧腿，保持躯干平直。

↻ 上抬腿下落，恢复到起始姿势，换边进行同样动作；按训练计划，重复规定次数。

1

2

勾脚

↻

瑞士球 - 俯撑 - 对侧手脚交替抬起

训练部位　**核心**

主要肌肉　**核心肌群、臀大肌**

训练板块　**力量练习、平衡稳定练习、核心练习**

训练目标　**稳定、力量**

注意事项　**在运动过程中保持背部平直，手臂和腿部伸直**

动作要点

1 俯卧于瑞士球上，腹部贴球，双手直臂撑地，手掌置于肩部正下方，双腿伸直，双脚前脚掌撑地，呈俯卧撑姿势。

2 同时抬起一侧手臂和对侧腿，直至与地面平行，手臂和腿都保持伸直，手臂贴近耳侧，背部保持平直，腹部收紧。

↻ 手臂和腿下落，恢复到起始姿势，换边进行同样动作；按训练计划，重复规定次数。

平行

抬起手臂

瑞士球 - 俯撑 - 单腿 - 抬腿静力

训练部位　**核心、下肢**

主要肌肉　**核心肌群、臀大肌**

训练板块　**力量练习、平衡稳定练习、核心练习**

训练目标　**稳定、力量**

注意事项　**在运动过程中保持背部平直，腹部收紧**

动作要点

1 俯卧于瑞士球上，腹部贴球，屈膝，双手双脚撑地，腹部和臀部收紧，保持背部平直，和头部呈一条直线。

2 抬起一侧腿直至与地面平行，保持臀肌收紧，腹部收紧；规定时间内保持姿势不变。

↻ 抬起的一侧腿下落，恢复到起始姿势，换边进行同样动作；按训练计划，重复规定次数。

1

2 ↻

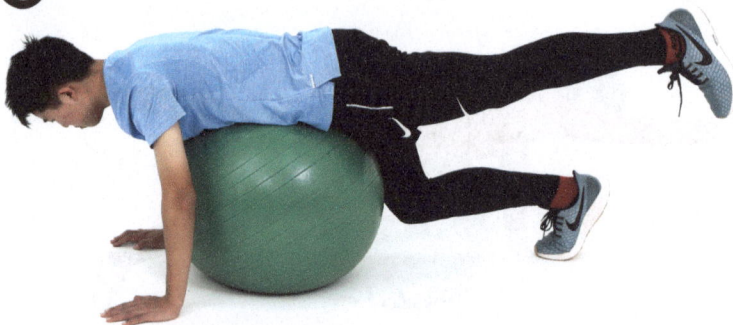

瑞士球 - 俯撑 - 抬腿

训练部位	**核心、下肢**
主要肌肉	**核心肌群、臀大肌、竖脊肌**
训练板块	**力量练习、平衡稳定练习、核心练习**
训练目标	**稳定、力量**
注意事项	**在运动过程中保持背部平直，双腿一直保持伸直与并拢**

动作要点

1 俯卧于瑞士球上，腹部贴球，双手撑地，双腿并拢、伸直，抬离地面，腹部和臀部收紧，保持背部平直。

2 双腿保持伸直并向上抬起至更高高度，臀部收紧。

↻ 双腿下落，恢复到起始姿势；按训练计划，重复规定次数。

站姿训练

坐姿训练

俯卧姿训练

仰卧姿训练

侧卧姿训练

跪姿训练

瑞士球 - 下斜 - 滑雪者

训练部位　**核心**

主要肌肉　**核心肌群、臀大肌**

训练板块　**力量练习、平衡稳定练习、核心练习、灵活性练习**

训练目标　**稳定、灵活性、力量**

注意事项　**在运动过程中保持腹部收紧**

动作要点

1. 俯卧于瑞士球上，双腿大腿前侧贴球，双手直臂撑地，手掌置于肩部正下方，呈俯卧撑姿势，保持身体稳定，呈一条直线。

2. 向一侧转动身体，使一侧腿完全离开球面，双腿叠放于瑞士球上表面。

↻ 转回至起始姿势，换边进行同样动作；按训练计划，重复规定次数。

瑞士球 - 哑铃 - 手臂外旋外展

训练部位　**核心、背部**

主要肌肉　**核心肌群、肩胛骨周围肌群**

训练板块　**力量练习、平衡稳定练习、核心练习**

训练目标　**稳定、力量**

注意事项　**在运动过程中保持背部平直、腹部收紧、挺胸，不要耸肩**

动作要点

1 俯卧于瑞士球上，腹部贴球，胸部离开球面，双臂伸直撑地，双手各持一哑铃置于地面上，双腿伸直，双脚前脚掌撑地，呈俯卧撑姿势，保持背部平直，身体呈一条直线。

2 两侧肩胛骨收紧，双臂伸直，向髋部外侧举起哑铃，与身体形成 30 度左右夹角。

↻ 手臂下落恢复到起始姿势；按训练计划，重复规定次数。

站姿训练

坐姿训练

俯卧姿训练

仰卧姿训练

侧卧姿训练

跪姿训练

瑞士球 - 哑铃 - 上斜 - 直臂侧平举

训练部位 **核心、背部**

主要肌肉 **核心肌群、肩胛骨周围肌群**

训练板块 **力量练习、平衡稳定练习、核心练习**

训练目标 **稳定、力量、协调**

注意事项 **在运动过程中保持背部平直，腹部收紧、挺胸，不要耸肩**

动作要点

1 俯卧于瑞士球上，腹部贴球，胸部离开球面，双臂伸直，双手各持一哑铃置于地面上，双腿伸直，双脚前脚掌撑地，呈俯卧撑姿势，保持背部平直，身体呈一条直线。

2 两侧肩胛骨收紧，双臂伸直，侧平举直至与肩同高。

↻ 手臂下落恢复到起始姿势；按训练计划，重复规定次数。

3.4 仰卧姿训练

3.4.1 身体控制球

瑞士球 - 仰卧 - 抬腿交替转髋

训练部位　**核心**

主要肌肉　**核心肌群、腘绳肌**

训练板块　**力量练习、核心练习、灵活性练习**

训练目标　**稳定、灵活性、力量**

注意事项　**在运动开始时背部要紧贴地面，腹部收紧**

动作要点

1. 仰卧于训练垫上，背部紧贴地面，双臂伸直向侧面打开，双腿夹住瑞士球，瑞士球置于大腿与小腿之间。

2. 上背部保持不动，贴紧地面，双臂保持不动，下肢夹球向一侧转髋至最大幅度。

↻ 转回至起始姿势，换边进行同样动作；按训练计划，重复规定次数。

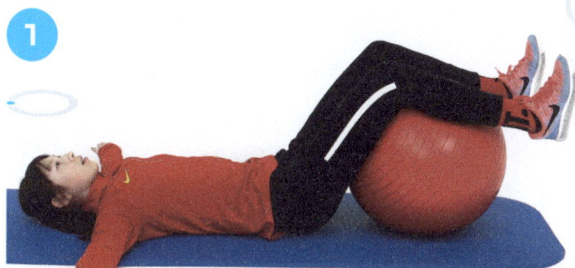

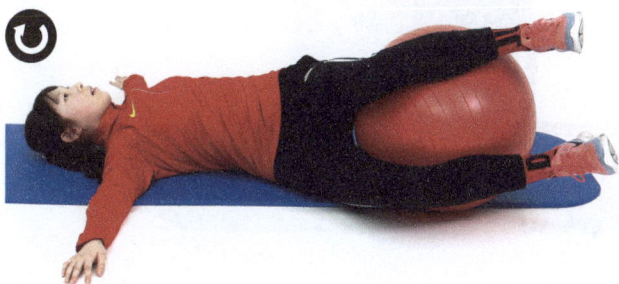

瑞士球 - 仰卧 - 夹球举腿

训练部位 **核心、下肢**

主要肌肉 **核心肌群、大腿内侧肌群**

训练板块 **力量练习、核心练习**

训练目标 **稳定、力量**

注意事项 **在运动过程中背部贴紧地面，腹部收紧**

动作要点

1 仰卧于训练垫上，背部紧贴地面，双臂自然平放置于身体两侧，腹部收紧，双腿伸直，双脚内侧夹住置于地面之上的瑞士球。

2 屈髋屈膝，将瑞士球夹起至大腿约垂直于地面，保持腹部收紧，背部贴紧地面。

↻ 双腿下落，将球放至地面，恢复到起始姿势；按训练计划，重复规定次数。

1

2 **↻**

瑞士球 - 仰卧 - 夹球交替转髋

训练部位	核心、下肢
主要肌肉	核心肌群、大腿内侧肌群
训练板块	力量练习、核心练习、灵活性练习
训练目标	稳定、灵活性、力量
注意事项	在运动开始时保持背部贴紧地面，腹部收紧

动作要点

1. 仰卧于训练垫上，双臂自然平放置于身体两侧，腹部收紧，双腿伸直，双脚内侧夹住瑞士球，双腿抬离地面并与地面形成约 45 度的夹角；向一侧转髋至最大幅度。

2. 保持瑞士球位置不变，向对侧转髋至最大幅度。

↻ 恢复到起始姿势；按训练计划，重复规定次数。

站姿训练

坐姿训练

俯卧姿训练

仰卧姿训练

侧卧姿训练

跪姿训练

瑞士球 - 仰卧 - 夹球屈髋

训练部位 **核心、下肢**

主要肌肉 **核心肌群、腘绳肌**

训练板块 **力量练习、核心练习**

训练目标 **稳定、灵活性、力量**

注意事项 **在运动过程中保持腹部收紧**

动作要点

1 仰卧于训练垫上，背部紧贴地面，双臂自然平放置于身体两侧，腹部收紧，双腿夹住瑞士球，瑞士球置于大腿与小腿之间。

2 屈髋，将球夹离地面，骨盆离地，膝关节尽量靠近胸部。

↻ 恢复到起始姿势；按训练计划，重复规定次数。

瑞士球 - 仰卧 - 夹球仰卧两头起

训练部位	**核心、下肢**
主要肌肉	**核心肌群、大腿内侧肌群**
训练板块	**力量练习、核心练习**
训练目标	**稳定、力量**
注意事项	**在运动开始时保持背部贴紧地面**

1

2

3

动作要点

1 仰卧于训练垫上，背部紧贴地面，双臂向上伸直置于耳侧，双脚内侧夹置于地面上的瑞士球。

2 上身抬起，同时双腿伸直，双脚夹球抬起，手脚靠拢。

3 双脚传球至双手。

↻ 四肢回落至地面，双臂伸直置于头顶前方，双手抱球，双腿伸直；再次同时抬起上身和双腿，将球从双手传递至双脚；恢复到起始姿势；按训练计划，重复规定次数。

站姿训练

坐姿训练

俯卧姿训练

仰卧姿训练

侧卧姿训练

跪姿训练

瑞士球 - 仰卧 - 夹球卷腹背部拉伸

训练部位　**核心、下肢**

主要肌肉　**核心肌群、大腿内侧肌群**

训练板块　**力量练习、核心练习、拉伸练习**

训练目标　**稳定、力量**

注意事项　**在运动过程中保持腹部收紧**

动作要点

① 仰卧于训练垫上，背部紧贴地面，双臂自然平放置于身体两侧，腹部收紧，双腿伸直，双脚内侧夹住置于地面上的瑞士球。

② 保持核心收紧，双腿夹球上举，直至将球置于头顶正前方的地面上，髋部和上背部抬离地面。

↻ 双腿回落至起始姿势；按训练计划，重复规定次数。

①

② ↻

瑞士球 - 仰卧 - 膝上球仰卧起坐 - 鼻碰球

训练部位　**核心**

主要肌肉　**核心肌群**

训练板块　**力量练习、核心练习**

训练目标　**稳定、力量**

注意事项　**在运动开始时背部贴紧地面**

动作要点

1 仰卧于训练垫上，屈膝，双脚分开，撑于地面，双臂伸直将瑞士球固定于膝上。

2 上身抬起，直至鼻尖碰触到瑞士球。

↻ 身体回落至起始姿势；按训练计划，重复规定次数。

站姿训练

坐姿训练

俯卧姿训练

仰卧姿训练

侧卧姿训练

跪姿训练

1

2 ↻

3.4.2 身体在球上

瑞士球 - 仰卧 - 动态臀桥

训练部位　**核心、下肢**

主要肌肉　**核心肌群、臀大肌、腘绳肌**

训练板块　**力量练习、平衡稳定练习、核心练习**

训练目标　**稳定、力量**

注意事项　**在运动末端，保持背部平直，腹部收紧**

动作要点

1 仰卧于瑞士球上，背部贴球，双臂环抱于胸前，头部与背部保持平直，屈髋屈膝，双脚分开，撑于地面，躯干和地面呈约45度的夹角。

2 抬起臀部，使躯干与大腿呈一条直线，并与地面保持平行。

↻ 恢复到起始姿势；按训练计划，重复规定次数。

瑞士球 - 仰卧 - 抱球抗阻

训练部位	**核心**
主要肌肉	**核心肌群**
训练板块	**力量练习、平衡稳定练习、核心练习**
训练目标	**稳定、力量**
注意事项	**在运动过程中腹部收紧，保持躯干、大腿与地面平行**

①

② ↻

动作要点

① 仰卧于瑞士球上，背部贴球，双臂伸直抱住另一个瑞士球，置于胸部正上方，保持躯干与大腿呈一条直线，身体与地面平行。

② 腹部收紧，搭档通过瑞士球对持球者进行不定向干扰，持球者在干扰下尽量控制身体的稳定和瑞士球的位置。

↻ 规定时间内保持姿势。

站姿训练

坐姿训练

俯卧姿训练

仰卧姿训练

侧卧姿训练

跪姿训练

瑞士球 - 仰卧 - 抛球

训练部位	核心、胸部
主要肌肉	核心肌群、胸大肌
训练板块	力量练习、平衡稳定练习、核心练习
训练目标	稳定、力量
注意事项	在运动过程中腹部收紧，保持躯干、大腿与地面平行

动作要点

1 仰卧于瑞士球上，肩胛骨收紧，背部贴球，双臂屈肘持药球贴近胸部上方，髋部伸直，臀部收紧，保持躯干与大腿呈一条直线，身体与地面平行。

2 腹部收紧，起身将药球从胸前向搭档抛出。

↻ 搭档将球抛回，练习者接球，并恢复到起始姿势；按训练计划，重复规定次数。

站姿训练

坐姿训练

俯卧姿训练

仰卧姿训练

侧卧姿训练

跪姿训练

瑞士球 - 药球 - 交替俄罗斯旋转

训练部位	**核心**
主要肌肉	**核心肌群**
训练板块	**力量练习、平衡稳定练习、核心练习、灵活性练习**
训练目标	**稳定、灵活性、力量**
注意事项	**在运动过程中腹部收紧，保持躯干、大腿与地面平行**

①

②

动作要点

① 仰卧于瑞士球上，肩胛骨收紧，背部贴球，双臂伸直持药球置于胸部正上方，髋部伸直，臀部收紧，双脚撑地，保持躯干与大腿呈一条直线，身体与地面平行。

② 上身向一侧转动，直至双臂与地面平行，在此过程中腹部收紧，并保持大腿与地面平行。

↻ 恢复到起始姿势，换边进行同样动作；按训练计划，重复规定次数。

瑞士球 - 哑铃 - 卧推

训练部位　**核心、胸部**

主要肌肉　**核心肌群、胸大肌、肱三头肌**

训练板块　**力量练习、平衡稳定练习、核心练习**

训练目标　**稳定、力量**

注意事项　**在运动过程中腹部收紧，保持躯干、大腿与地面平行**

站姿训练

坐姿训练

俯卧姿训练

仰卧姿训练

侧卧姿训练

跪姿训练

动作要点

1 仰卧于瑞士球上，上背部贴球，双臂伸直，与肩同宽，双手各持一哑铃置于胸部正上方，挺髋，屈膝，膝关节呈 90 度夹角，双脚撑地，躯干与大腿呈一条直线，身体与地面平行。

2 屈肘，至上臂与地面平行。

↻ 快速将哑铃推回至起始姿势；按训练计划，重复规定次数。

1

2 ↻

瑞士球 - 仰卧 - 单臂 - 交替卧推

训练部位	**核心、胸部**
主要肌肉	**核心肌群、胸大肌、肱三头肌**
训练板块	**力量练习、平衡稳定练习、核心练习**
训练目标	**稳定、力量**
注意事项	**在运动过程中腹部收紧，保持躯干、大腿与地面平行**

动作要点

1 仰卧于瑞士球上，上背部贴球，双臂伸直，与肩同宽，双手各持一哑铃置于胸部正上方，挺髋，屈膝，膝关节呈 90 度夹角，双脚撑地，躯干与大腿呈一条直线，身体与地面平行。

2 一侧手臂屈肘，至上臂与地面平行，另一侧手臂保持不动。

↻ 快速将哑铃推回至起始姿势，换边进行同样动作；按训练计划，重复规定次数。

瑞士球 - 哑铃 - 飞鸟

训练部位　**核心、胸部**

主要肌肉　**核心肌群、胸大肌**

训练板块　**力量练习、平衡稳定练习、核心练习**

训练目标　**稳定、力量**

注意事项　**在运动过程中腹部收紧，保持躯干、大腿与地面平行**

动作要点

1　仰卧于瑞士球上，上背部贴球，双手各持一哑铃向体侧打开至肩部高度，挺髋，屈膝，膝关节呈90度夹角，双脚撑地，躯干与大腿呈一条直线，身体与地面平行。

2　双臂伸直但不要过伸，抬高至胸部正上方。

↻　手臂收回至起始姿势；按训练计划，重复规定次数。

1

2 ↻

站姿训练

坐姿训练

俯卧姿训练

仰卧姿训练

侧卧姿训练

跪姿训练

瑞士球 - 弹力带 - 单臂 - 飞鸟

训练部位　**核心、胸部**

主要肌肉　**核心肌群、胸大肌**

训练板块　**力量练习、平衡稳定练习、核心练习**

训练目标　**稳定、力量**

注意事项　**在运动过程中腹部收紧，保持躯干、大腿与地面平行**

动作要点

1 仰卧于瑞士球上，上背部贴球，单手握住同侧弹力带一端，手臂向体侧伸直，另一侧手臂自然置于体侧，挺髋，屈膝，膝关节呈 90 度夹角，双脚撑地，躯干与大腿呈一条直线，身体与地面平行。

2 手臂微屈曲，握住弹力带一端向肩部正上方抬起。

↻ 恢复至起始姿势，按训练计划，重复规定次数；换边进行同样动作。

瑞士球 - 弹力带 - 仰卧 - 单臂 - 外展

训练部位	**核心、背部**
主要肌肉	**核心肌群、斜方肌、三角肌**
训练板块	**力量练习、平衡稳定练习、核心练习**
训练目标	**稳定、力量**
注意事项	**在运动过程中腹部收紧，保持躯干、大腿与地面平行**

动作要点

1 仰卧于瑞士球上，上背部贴球，单手握住对侧弹力带一端，并置于对侧胸部外侧，另一侧手臂自然置于体侧，挺髋，屈膝，膝关节呈 90 度夹角，双脚撑地，躯干与大腿呈一条直线，身体与地面平行。

2 3 握住弹力带一端的一侧手臂向同侧外展至胸部高度，保持腹部收紧。

↻ 恢复至起始姿势，按训练计划，重复规定次数；换边进行同样动作。

站姿训练

坐姿训练

俯卧姿训练

仰卧姿训练

侧卧姿训练

跪姿训练

1

2

3 ↻

瑞士球 - 仰卧 - 肱二头肌弯举

训练部位 **核心、上肢**

主要肌肉 **核心肌群、肱二头肌**

训练板块 **力量练习、平衡稳定练习、核心练习**

训练目标 **稳定、力量**

注意事项 **运动过程中腹部收紧，保持躯干、大腿与地面平行**

动作要点

1 仰卧于瑞士球上，双侧肩胛骨下方贴球，肩胛骨收紧，双臂伸直，贴近耳侧，双手于头顶正上方握住拉力器把手或弹力带一端，髋部伸直，臀部收紧，屈膝，双脚撑于地面。

2 弯曲手臂，将绳索拉向头顶方向，核心收紧，躯干、大腿与地面保持平行。

⟳ 恢复到起始姿势；按训练计划，重复规定次数。

瑞士球 - 弹力带 - 仰卧 - 直臂下拉

训练部位　**核心、胸部**

主要肌肉　**核心肌群、胸大肌**

训练板块　**力量练习、平衡稳定练习、核心练习**

训练目标　**稳定、力量**

注意事项　**在运动过程中腹部收紧，手臂伸直**

动作要点

1 仰卧于瑞士球上，背部贴球，双臂伸直，贴近耳侧，双手于头顶正上方握住弹力带一端，挺髋，屈膝，双脚撑于地面。

2 保持手臂伸直，手肘角度不变，双臂向胸部正上方拉动。

↻ 恢复到起始姿势；按训练计划，重复规定次数。

站姿训练

坐姿训练

俯卧姿训练

仰卧姿训练

侧卧姿训练

跪姿训练

瑞士球 - 仰卧 - 交替侧移

训练部位　**核心**

主要肌肉　**核心肌群**

训练板块　**力量练习、平衡稳定练习、核心练习**

训练目标　**稳定、力量**

注意事项　**在运动过程中腹部收紧，保持髋部、肩部与地面平行**

动作要点

1 仰卧于瑞士球上，双侧肩胛骨下方贴球，双臂伸直侧平举，臀部收紧，挺髋屈膝，双脚撑于地面，保持躯干、大腿与地面平行。

2 将瑞士球向一侧肩胛骨方向滚动，使另一侧离开球面。

↻ 恢复到起始姿势后，换边进行同样动作；按训练计划，重复规定次数。

3.4.3 脚在球上

瑞士球 - 仰卧 - 直腿挺髋

训练部位　**核心、下肢**

主要肌肉　**核心肌群、臀大肌、腘绳肌**

训练板块　**力量练习、平衡稳定练习、核心练习**

训练目标　**稳定、力量**

注意事项　**在运动过程中腹部、臀部收紧，保持身体呈一条直线**

动作要点

1 仰卧于训练垫上，双臂伸直，置于身体两侧，双腿小腿后侧和足跟置于瑞士球上方表面，双脚勾起。

2 双臂位置不动，双腿保持伸直，抬起髋部，腹部、臀部收紧，直至肩部、躯干、双腿呈一条直线，在此最高点处保持3~5秒。

↺ 髋部下落至起始姿势；按训练计划，重复规定次数。

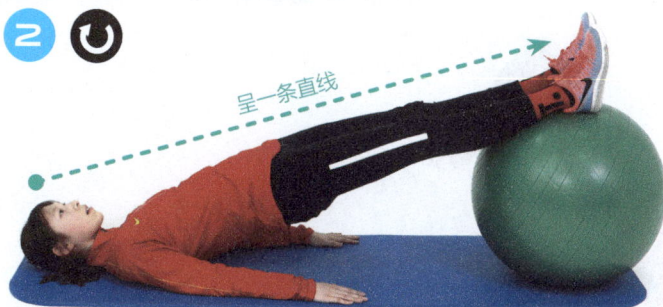

站姿训练　坐姿训练　俯卧姿训练　仰卧姿训练　侧卧姿训练　跪姿训练

1

2 ↺

呈一条直线

瑞士球 - 仰卧 - 勾腿

训练部位 **核心、下肢**

主要肌肉 **核心肌群、臀大肌、腘绳肌**

训练板块 **力量练习、平衡稳定练习、核心 练习**

训练目标 **稳定、力量**

注意事项 **在运动过程中腹部收紧，保持 背部平直**

动作要点

1 仰卧于训练垫上，双臂伸 直，置于身体两侧，双腿 小腿后侧和足跟置于瑞士 球上方表面，双脚勾起。

2 双臂位置不动，双腿保持 伸直，抬起髋部，腹部、 臀部收紧，直至肩部、躯 干、双腿呈一条直线。

3 双腿屈膝将瑞士球向臀部 方向拉动，直至双脚踩实 瑞士球。

↻ 恢复到起始姿势；按训练 计划，重复规定次数。

瑞士球 - 仰卧 - 单腿勾腿

训练部位　**核心、下肢**

主要肌肉　**核心肌群、臀大肌、腘绳肌**

训练板块　**力量练习、平衡稳定练习、核心练习**

训练目标　**稳定、力量**

注意事项　**在运动过程中腹部收紧，保持背部平直**

动作要点

1 仰卧于训练垫上，双臂伸直，置于身体两侧，双腿小腿后侧和足跟置于瑞士球上方表面，双脚勾起。

2 双臂位置不动，双腿保持伸直，抬起髋部，腹部、臀部收紧，直至肩部、躯干、双腿呈一条直线。

3 一侧腿伸直，脚抬离球面，另一侧腿屈膝，将瑞士球向臀部方向拉动，直至触球脚踩实球面。

↺ 恢复到起始姿势，按训练计划，重复规定次数；换边进行同样动作。

站姿训练

坐姿训练

俯卧姿训练

仰卧姿训练

侧卧姿训练

跪姿训练

瑞士球 - 仰卧 - 抬腿卷腹静力

训练部位　**核心**

主要肌肉　**核心肌群**

训练板块　**力量练习、平衡稳定练习、核心练习**

训练目标　**稳定、力量**

注意事项　**在运动过程中腹部收紧**

动作要点

1 仰卧于训练垫上，背部紧贴地面，双臂自然平放置于身体两侧，瑞士球置于大腿与小腿之间。

2 抬起头部和上身至上背部离开地面，双臂保持伸直抬离地面并与地面平行，腹部收紧，腿部不动。

↻ 在规定时间内保持姿势不变。

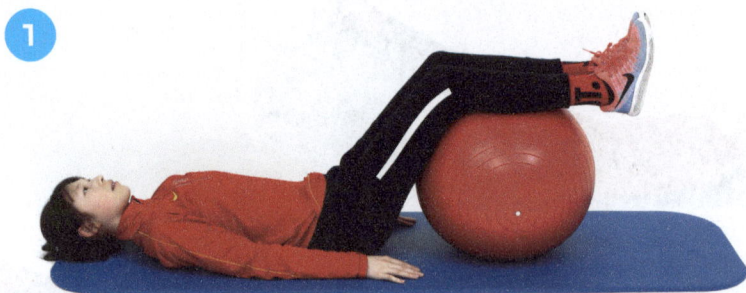

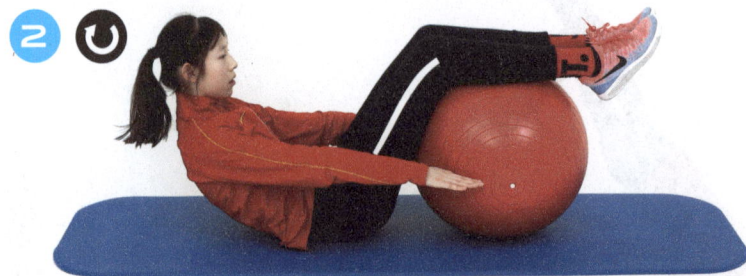

瑞士球 - 仰卧 - 抬腿屈肘卷腹

训练部位　**核心**

主要肌肉　**核心肌群**

训练板块　**力量练习、平衡稳定练习、核心练习**

训练目标　**稳定、力量**

注意事项　**在运动过程中腹部收紧**

动作要点

1 仰卧于训练垫上，背部紧贴地面，双臂屈肘，双手置于耳侧，瑞士球置于大腿与小腿之间。

2 抬起头部和上身至上背部离开地面，双手保持在耳侧位置，腹部收紧，腿部不动。

↻ 恢复到起始姿势，按训练计划，重复规定次数。

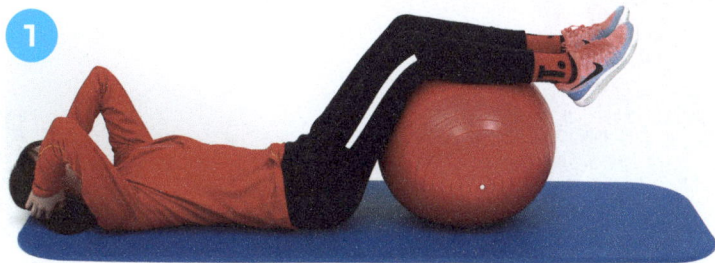

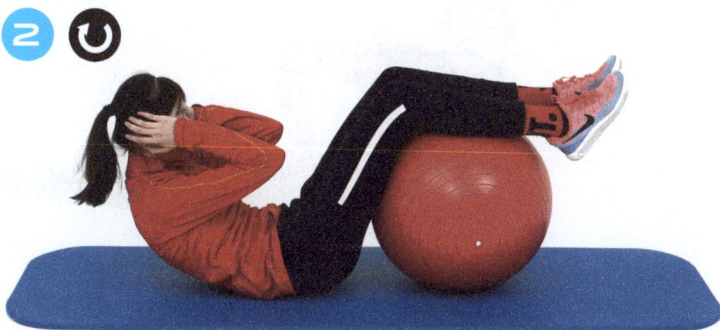

站姿训练

坐姿训练

俯卧姿训练

仰卧姿训练

侧卧姿训练

跪姿训练

3.5 侧卧姿训练

瑞士球 - 球上侧撑 - 髋外展

训练部位 **核心**

主要肌肉 **核心肌群**

训练板块 **力量练习、平衡稳定练习、核心练习**

训练目标 **稳定、力量**

注意事项 **在运动过程中腹部收紧**

动作要点

1 单膝跪地，脚尖撑于地面，同侧肘撑于瑞士球上表面，同侧髋部贴球，对侧手叉腰，对侧腿伸直侧撑于地面，肩部、膝关节呈一条直线。

2 对侧腿伸直向上方抬起，直至与地面平行，腹部收紧，保持身体稳定。

↻ 恢复到起始姿势，按训练计划，重复规定次数；换边进行同样动作。

瑞士球 - 侧卧 - 侧向伸展

训练部位　**核心**

主要肌肉　**核心肌群**

训练板块　**力量练习、平衡稳定练习、核心练习**

训练目标　**稳定、力量**

注意事项　**运动过程中不要憋气，保持呼吸顺畅**

动作要点

侧卧于瑞士球上，躯干侧面贴球，双臂自然放松，置于头顶上方，上侧腿屈髋屈膝，脚撑于地面，置于另一条腿前方，保持身体稳定；规定时间内保持姿势不变；换边进行同样动作。

站姿训练

坐姿训练

俯卧姿训练

仰卧姿训练

侧卧姿训练

跪姿训练

3.6 跪姿训练

瑞士球 - 跪姿 - 前推

训练部位 **核心**

主要肌肉 **核心肌群**

训练板块 **力量练习、平衡稳定练习、核心练习**

训练目标 **稳定、力量**

注意事项 **在运动过程中保持背部平直，腹部收紧**

动作要点

1 双膝跪地，双手置于前方瑞士球上，手部位置与髋部同高。

2 双手向前推瑞士球，使其慢慢滚动，同时身体向前伸展，双臂逐渐伸直，背部保持平直，膝关节位置不变。

将身体伸展至最大幅度后，将瑞士球拉回至起始位置；按训练计划，重复规定次数。

瑞士球 - 哑铃 - 肘撑 - 手腕屈伸

训练部位　**核心、上肢**

主要肌肉　**核心肌群、前臂肌群**

训练板块　**力量练习、平衡稳定练习、核心练习**

训练目标　**稳定、力量**

注意事项　**在运动过程中腹部收紧，前臂、上臂保持位置不变**

动作要点

1 双膝跪地，双臂屈肘，两侧手肘撑球，双手各反握一只哑铃，握距与肩同宽，腹部贴球，腹部收紧。

2 双手屈腕至最大幅度，身体其他部位保持不动。

↻ 恢复到起始姿势，按训练计划，重复规定次数。

1

2 ↻

站姿训练

坐姿训练

俯卧姿训练

仰卧姿训练

侧卧姿训练

跪姿训练

瑞士球 - 哑铃 - 肘撑 - 肱二头肌弯举

训练部位　核心、上肢

主要肌肉　核心肌群、肱二头肌、肱肌

训练板块　力量练习、平衡稳定练习、核心练习

训练目标　稳定、力量

注意事项　在运动过程中腹部收紧，上臂保持位置不变

动作要点

1　双膝跪地，腹部贴球，俯卧于瑞士球上，手肘微屈，上臂撑球，双手各反握一只哑铃置于瑞士球前方地面上。

2　屈肘举起哑铃，尽可能靠近肩部，上臂保持不动。

↻　将哑铃放回至地面，恢复到起始姿势，按训练计划，重复规定次数。

瑞士球 - 跪姿 - 背阔肌拉伸

训练部位　背部

主要肌肉　背阔肌

训练板块　拉伸练习、平衡稳定练习、核心练习

训练目标　柔韧、稳定

注意事项　在运动过程中不要憋气，保持呼吸顺畅

动作要点

双膝跪地，一侧手臂伸直，置于身体前侧的瑞士球上表面，对侧手臂屈肘撑地，髋部向后，坐于脚后跟上，直至感受到背部肌肉的牵拉感；规定时间内保持姿势不变；换边进行同样动作。

站姿训练

坐姿训练

俯卧姿训练

仰卧姿训练

侧卧姿训练

跪姿训练

CHAPTER

04

第 4 章

训练计划

　　要想设计一份合理的训练计划，必须明确个人的训练需求，并遵循一定的原则。本章将介绍训练参数含义和青少年训练计划制定原则，并提供9个青少年瑞士球训练计划。

4.1 青少年训练计划制定原则

（1）在制定训练计划之前，应该确定个人的需求。青少年在身体和心理的成熟程度、训练目标、遗传潜力，以及参与训练的积极程度都存在个体差异。因此，制定个性化的训练计划是成功的关键。

（2）在制定训练计划之前，应对青少年进行全面的身体评估。评估内容应包括基本健康状况评估（是否有损伤及损伤的原因）、当前身体状态评估和运动表现能力评估。对身体测试结果的评估与评估结果将直接影响训练计划的制定与实施。

（3）训练计划要全面。训练内容应包含各项身体素质（力量、耐力、柔韧性和灵活等）的动态、静态，以及开链、闭链等练习。青少年处于发展敏感期，在这个阶段采用丰富的训练手段来全面发展各项身体素质，不仅能够提高青少年参与运动的积极性，还将为今后打下扎实的体能基础。

（4）训练计划要均衡。训练内容应涉及身体上肢、下肢，前侧、后侧，以及躯干部位的训练，避免不平衡训练带来的动作模式欠佳、不良体态及运动损伤等问题。

（5）采用适当的训练量和强度。由于青少年骨骼和肌肉系统尚未发育成熟，过大的训练量及训练强度可能会适得其反，不仅影响青少年参加训练的积极性，同时会打击他们的自信心，切忌不要将成年人的训练计划用于青少年。

（6）计划要具有进阶性。训练内容应该从简单到复杂，并根据身体对训练刺激的适应程度循序渐进地进行调整。进阶则意味着进步，青少年应通过增加训练频率、强度和时间，来逐渐提高他们的训练难度，从而进一步改善身体素质。

4.2 训练节奏与间歇

对于一组训练的内容安排来说，训练动作固然重要，但训练时的动作节奏与间歇时间才是成功与否的关键。我们通常把动作节奏定义为某些数字：如果动作的离心阶段是 2 秒，等长阶段是 2 秒，向心阶段是 1 秒，则将动作节奏表示为 2-2-1。例如，进行杠铃深蹲练习时，身体从站姿向下蹲的过程为 2 秒，到达最低位置时保持 2 秒，从深蹲姿势到站立过程为 1 秒。训练目的不同，动作节奏也不同。

间歇时间是指两组训练之间或者两个动作之间的间隔时间，它决定着训练的强度。当青少年逐渐适应了训练计划以后，就可以缩短组间或者动作之间的休息时间，从而提高训练强度。而如果我们采用更大的训练负荷时，那么间歇时间会相应增加，让机体有更充分的恢复时间，这样能够有效地避免过度训练以及可能带来的运动损伤。

4.3 青少年瑞士球训练方案

训练计划 1：核心激活训练方案

训练目的： 有效激活身体一侧动力链上的肌群，并提高神经－肌肉连接的兴奋性，为即将开始的动态练习做好准备。

页码	动作图片	动作名称	组数	重复次数 / 保持时间	练习节奏	间歇时间
32		瑞士球－上斜－俯桥静力	1 组	30 秒	静态保持	15 秒
37		瑞士球－下斜－平板支撑－脚尖撑静力	1 组	30 秒	静态保持	15 秒
38		瑞士球－下斜－俯桥静力	1 组	30 秒	静态保持	15 秒
81		瑞士球－仰卧－直腿挺髋	1 组	8 次	2-3-2	10 秒
69		瑞士球－仰卧－抱球抗阻	1 组	20 秒	静态保持	10 秒
86		瑞士球－球上侧撑－髋外展	2 组 （左右两侧 各 1 组）	8 次	2-3-2	10 秒
56		瑞士球－俯撑－单腿－抬腿静力	2 组 （左右两侧 各 1 组）	15 秒	静态保持	10 秒
80		瑞士球－仰卧－交替侧移	1 组	10 次	有控制、慢速	10 秒

训练计划 2：核心稳定性训练方案

训练目的： 通过增加训练的不稳定因素，激活本体感觉，保持身体姿态及关节稳定性，提高神经肌肉控制能力，预防损伤。

页码	动作图片	动作名称	组数	重复次数 / 保持时间	练习节奏	间歇时间
33		瑞士球 - 上斜 - 俯桥 - 抬腿静力	2 组 （左右两侧各 1 组）	15 秒	静态保持	10 秒
43		瑞士球 - 下斜 - 平板支撑 - 交替抬腿	1 组	10 次	1-2-1	10 秒
56		瑞士球 - 俯撑 - 单腿 - 抬腿静力	2 组 （左右两侧各 1 组）	15 秒	静态保持	10 秒
55		瑞士球 - 俯撑 - 对侧手脚交替抬起	1 组	10 次	2-2-2	10 秒
31		瑞士球 - 上斜 - 肩胛骨撑起	1 组	8 次	2-2-2	10 秒
36		瑞士球 - 迷你带 - 上斜 - 俯桥 - 交替举腿	1 组	10 次	1-2-1	10 秒
54		瑞士球 - 俯撑 - 交替伸髋	1 组	10 次	2-2-2	10 秒
58		瑞士球 - 下斜 - 滑雪者	1 组	10 次	有控制、慢速	10 秒

训练计划 3：核心力量训练方案

训练目的： 通过核心肌肉离心、向心收缩，增强核心肌群的力量，提高能量传递的效率，为发展核心功能性打好基础。

页码	动作图片	动作名称	组数	重复次数 / 保持时间	练习节奏	间歇时间
44		瑞士球 - 下斜 - 俯撑屈膝	1 组	15 次	1-0-2	15 秒
72		瑞士球 - 药球 - 交替俄罗斯旋转	1 组	16 次	2-1-1	15 秒
62		瑞士球 - 仰卧 - 夹球举腿	1 组	15 次	1-0-2	15 秒
35		瑞士球 - 上斜 - 肘撑交替提膝	2 组 （左右两侧各1组）	8 次	1-0-1	15 秒
64		瑞士球 - 仰卧 - 夹球屈髋	1 组	15 次	1-0-2	15 秒
85		瑞士球 - 仰卧 - 抬腿屈肘卷腹	1 组	15 次	1-0-2	15 秒
65		瑞士球 - 仰卧夹球仰卧两头起	1 组	10 次	1-0-2	15 秒
63		瑞士球 - 仰卧 - 夹球交替转髋	1 组	10 次	1-1-1	15 秒

训练计划 4：核心功能性训练方案

训练目的：寻找核心发力的感觉，正确掌握核心肌肉发力顺序，实现远端肢体的功率有效输出，提高青少年身体运动的整体性。

页码	动作图片	动作名称	组数	重复次数／保持时间	练习节奏	间歇时间
70		瑞士球-仰卧-抛球	1组	10秒	1-1-2	20秒
17		瑞士球-站姿-下蹲前推	1组	10次	有控制、慢速	20秒
27		瑞士球-弹力带-坐姿-旋转推举	2组（左右两侧各1组）	6秒	有控制、慢速	20秒
28		瑞士球-弹力带-坐姿-旋转后拉	2组（左右两侧各1组）	6次	有控制、慢速	20秒
16		瑞士球-站姿-单腿-平衡旋转	2组（左右两侧各1组）	8次	有控制、慢速	15秒
21		瑞士球-坐姿-双人传球	1组	16次	有控制、慢速	20秒
45		瑞士球-下斜-夹球交替转髋	1组	12次	有控制、慢速	20秒
88		瑞士球-跪姿-前推	1组	10次	2-2-1	20秒

训练计划 5：完美身姿训练方案

训练目的： 拉伸强侧肌群、激活弱侧肌群，从而重建人体正确解剖学位置及其动作模式，保证青少年能够随时保持正确标准的身体姿势。

页码	动作图片	动作名称	组数	重复次数 / 保持时间	练习节奏	间歇时间
47		瑞士球 - 上斜 - I 字	1 组	10 次	1-2-1	10 秒
48		瑞士球 - 上斜 - Y 字	1 组	10 次	1-2-1	10 秒
49		瑞士球 - 上斜 - T 字	1 组	10 次	1-2-1	10 秒
50		瑞士球 - 上斜 - W 字	1 组	10 次	1-2-1	10 秒
51		瑞士球 - 上斜 - L 字	1 组	10 次	1-2-1	10 秒
59		瑞士球 - 哑铃 - 手臂外旋外展	1 组	10 次	1-2-1	10 秒
26		瑞士球 - 弹力带 - 坐姿 - 单臂外旋	2 组（左右两侧各 1 组）	10 次	1-2-2	10 秒
52		瑞士球 - 上斜 - 交替转肩	1 组	16 次	1-2-2	10 秒

训练计划 6：男孩蜕变训练方案

训练目的： 在不稳定的训练环境下，进行力量训练，强化大肌肉群力量的同时，刺激深层小肌肉群，使青少年男孩更强壮、更稳定、更有力。

页码	动作图片	动作名称	组数	重复次数 / 保持时间	练习节奏	间歇时间
46		瑞士球－下斜－俯卧撑	2 组	10 秒	2-1-1	60 秒
82		瑞士球－仰卧－勾腿	2 组	10 次	1-1-2	60 秒
77		瑞士球-弹力带-仰卧-单臂-外展	2 组（左右两侧各1组）	10 秒	1-1-2	60 秒
19		瑞士球-后腿抬高分腿蹲	2 组（左右两侧各1组）	10 次	2-1-1	60 秒
23		瑞士球-哑铃-坐姿-直握过顶推举	2 组	8 次	1-1-1	45 秒
57		瑞士球-俯撑-抬腿	2 组	8 次	1-1-2	45 秒
22		瑞士球-哑铃-坐姿-侧平举	2 组	8 次	2-2-1	45 秒
18		瑞士球-侧向分腿蹲	2 组（左右两侧各1组）	8 次	2-2-1	45 秒

训练计划 7：女孩蜕变训练方案

训练目的： 在不稳定的训练环境下，进行力量训练，配合拉伸练习，在强化力量的同时保证身体的柔韧性，使青少年女孩更苗条，身体形态更优美。

页码	动作图片	动作名称	组数	重复次数 / 保持时间	练习节奏	间歇时间
73		瑞士球 - 哑铃 -卧推	2 组	10 次	1-1-2	60 秒
68		瑞士球 - 仰卧 -动态臀桥	2 组	10 次	1-2-2	60 秒
87		瑞士球 - 侧卧 -侧向伸展	2 组 （左右两侧 各 1 组）	10 次	静态保持	无
79		瑞士球-弹力带-仰卧 - 直臂下拉	2 组	10 次	1-1-2	60 秒
19		瑞士球 - 后腿抬高分腿蹲	2 组 （左右两侧 各 1 组）	6 次	2-1-1	60 秒
91		瑞士球 - 跪姿 -背阔肌拉伸	2 组 （左右两侧 各 1 组）	10 次	静态保持	无
90		瑞士球 - 哑铃 -肘撑 - 肱二头肌弯举	2 组	8 次	1-2-2	45 秒
25		瑞士球 - 哑铃 -坐姿 - 肱三头肌伸展	2 组	8 次	1-2-2	45 秒

训练计划 8：自信心提升训练方案

训练目的： 4 个动作为一组，循环训练，强化身体各主要大肌群的力量，刺激深层小肌群，挑战机体代谢恢复能力，增强青少年的自信心。

页码	动作图片	动作名称	组数	重复次数/保持时间	练习节奏	间歇时间
74		瑞士球-仰卧-单臂-交替卧推	2 组	20 秒	1-1-1	60 秒
82		瑞士球-仰卧-勾腿	2 组	10 次	1-1-2	60 秒
65		瑞士球-仰卧-夹球仰卧两头起	2 组	10 秒	1-1-1	60 秒
90		瑞士球-哑铃-肘撑-肱二头肌弯举	2 组	10 次	1-2-2	60 秒
77		瑞士球-弹力带-仰卧-单臂-外展	2 组（左右两侧各1组）	10 次	1-1-2	60 秒
19		瑞士球-后腿抬高分腿蹲	2 组（左右两侧各1组）	10 次	2-1-1	60 秒
44		瑞士球-下斜-俯撑屈膝	2 组	10 次	1-0-2	60 秒
25		瑞士球-哑铃-坐姿-肱三头肌伸展	2 组	10 次	1-2-2	60 秒

训练计划 9：柔韧灵活训练方案

训练目的：增加肌肉、筋膜和韧带等组织的活动范围，扩大动作幅度，实现肌力最大化；降低肌肉粘滞性，减少不必要的能量损耗，消除动作代偿，预防运动损伤。

页码	动作图片	动作名称	组数	重复次数 / 保持时间	练习节奏	间歇时间
58		瑞士球-下斜-滑雪者	1 组	10 次	有控制、慢速	无
61		瑞士球-仰卧-抬腿交替转髋	1 组	10 次	有控制、慢速	无
52		瑞士球-上斜-交替转肩	1 组	10 次	有控制、慢速	无
87		瑞士球-侧卧-侧向伸展	2 组 （左右两侧各1组）	20 秒	静态保持	无
66		瑞士球-仰卧-夹球卷腹背部拉伸	1 组	10 次	1-5-1	无
20		瑞士球-坐姿-交替转髋	1 组	20 秒	有控制、慢速	无
91		瑞士球-跪姿-背阔肌拉伸	2 组 （左右两侧各1组）	20 秒	静态保持	无
53		瑞士球-俯卧-背部伸展静力	1 组	20 秒	静态保持	无

参考文献

[1] 王雄, 沈兆喆. 身体功能训练动作手册 [M]. 北京: 人民体育出版社, 2014.

[2] Istvan Balyi, Richard Way, Colin Higgs. Long-Term Athlete Development [M]. Champaign, IL: Human Kinetics, 2013.

[3] Stephen J. Virgilio. Fitness Education for Children: A Team Approach [M]. Champaign, IL: Human Kinetics, 2012.

[4] Frances Cleland Donnelly, Suzanne S. Muller, David L. Gallahue. Developmental Physical Education for All Children: Theory into Practice (Fifth Edition) [M]. Champaign, IL: Human Kinetics, 2017.

[5] Shirley Holt, Hale Tina Hall. Lesson Planning for Elementary Physical Education: Meeting the National Standards & Grade-Level Outcomes [M]. Champaign, IL: Human Kinetics, 2016.

[6] Robert J. Doan, Lynn Couturier MacDonald, Stevie Chepko. Lesson Planning for Middle School Physical Education: Meeting the National Standards & Grade-Level Outcomes [M]. Champaign, IL: Human Kinetics, 2017.

[7] SHAPE America-Society of Health and Physical Educators. National Standards & Grade-Level Outcomes fork-12 physical education. Champaign, IL: Human Kinetics, 2014.

[8] Christine Galvan. Achieve Physical Education Curriculum (Sixth Edition). Gopher Sport, 2017.

[9] Ericsson, K. The influence of experience and deliberate practice on the development of superior performance., The Cambridge handbook of expertise and expert performance. Cambridge, UK: Cambridge University Press, 2006.

[10] Haibach, P. S., Reid, G., & Collier, D. J. Motor learning and development. Champaign, IL: Human Kinetics, 2011.

[11] Mitchell, S., Oslin, J., & Griffin, L. Teaching sport concepts and skills: A tactical games approach. Champaign, IL: Human Kinetics, 2006.

[12] A. Vonnie Colvin, EdD, Nancy J. Egner Markos, Med, Earlysville, Virginia. Teaching Fundamental Motor Skills (Third Edition). Champaign, IL: Human Kinetics, 2016.

[13] John Byl.101 Fun Warm-up and Cool-down games. Champaign, IL: Human Kinetics, 2014.

[14] 拉里·格林, 鲁斯·佩特. 青少年长跑训练: 第3版 [M]. 沈兆喆, 王雄译. 北京: 人民邮电出版社, 2016.

[15] 罗宾·S. 维莱, 梅利莎·A. 蔡斯. 青少年体育运动指导与实践 [M]. 徐建方, 王雄译. 北京: 人民邮电出版社, 2017.

[16] 斯蒂芬·J. 维尔吉利奥. 儿童身体素质提升指导与实践: 第2版 [M]. 王雄译. 北京: 人民邮电出版社, 2017.

[17] 威廉·J. 克雷默, 史蒂文·J. 弗莱克. 青少年运动员力量训练: 第2版 [M]. 王雄, 徐建方译. 北京: 人民邮电出版社, 2018.

[18] 艾弗里·D. 费根鲍姆, 韦恩·L. 威斯克. 青少年力量训练: 针对身体素质、健身和运动专项的动作练习和方案设计 [M]. 王雄, 徐建方译. 北京: 人民邮电出版社, 2018.